LAS CANCIONES DE DOLORITA

TERCERA PARTE: JUVENTUD

Dolores García Fuentes
Pedro Fernández García

JUVENTUD: DE DOCE A DIECISÉIS AÑOS

INICIOS EN EL TRABAJO	7
LAS COMIDAS	15
ACTOS RELIGIOSOS	21
FIESTAS RELIGIOSAS	43
FELICITACIONES	61
JUEGOS	65
1.- Comba	*66*
2.- Goma	*72*
3.- Juego de las cunas	*75*
4.- Pelotas	*81*
5.- Reyes y reinas	*81*
CANCIONES	83
VILLANCICOS	89
JUEGOS DE NIÑOS	103
1.- Echar a suertes	*105*
2.- Juegos en el campo	*106*
3.- Saltar sobre otro agachado	*111*
4.- Los bolindres	*115*
5.- Los tejes	*121*
6.- Los santos	*121*
7.- El repión	*127*
8.- El verdugo	*129*
9.- Lanzamiento de las tabas	*131*
10.- La billarda	*133*
11.- Al esconder	*136*
12.- Juegos en equipos	*137*
13.- El aro	*138*

14.- El látigo	*139*
15.- La gata paría	*140*
16.- La cadena	*140*
17.- Dar culazos en la pared	*141*
18.- Defender el castillo	*141*
19.- Al hoyo de la pelota	*142*
20.- El hinque	*142*
21.- Jugar a pinchar la navaja	*145*
22.- Hacer corrales para animales	*147*
23.- Esconder el cinto	*149*
24.- Fútbol	*149*
JUEGOS DE MESA	**153**
1.- Las cartas	*153*
2.- El dominó	*158*
3.- El casto	*160*
4.- Los chinos	*161*
5.- Echar un pulso	*163*
COMPETICIONES EN FIESTAS	**165**

JUVENTUD
DE DOCE A DIECISÉIS AÑOS

INICIOS EN EL TRABAJO

A los doce años se terminaba la escolarización y las niñas y niños tenían que incorporarse a la vida laboral, bien en casa o en el campo ayudando a su madre o a su padre, o bien por cuenta ajena trabajando para otros.

Se terminaba así, bruscamente, la niñez y comenzaba un tiempo donde aprendían a trabajar y a ganarse la vida, a ser adultos, a prepararse para cuidar una casa las niñas y a mantener a una familia en el caso de los niños.

Evidentemente, a partir de esa edad ya no jugaban tanto, porque estaban ocupadas todo el día. Pero siempre había festividades y ocasiones en las que formar un grupo y divertirse con canciones o juegos porque aún eran jóvenes y las ganas de diversión y de jugar no las habían perdido todavía.

Las niñas aprendían los oficios de las casas, como barrer el suelo y fregar de rodillas si había baldosas de barro y royos.

Las madres les enseñaban a lavar en el río. A la alameda de la fuente y a la Fontana y al Pilar donde iban las que vivían de la carretera para acá y las de cerca de la ermita del Cristo lavaban en la Pesquera hasta el puente. Toda la orilla del río era un lavadero continuo. Ahora no podría hacerse porque el río está prácticamente seco durante todo el año.

Así mismo, tenían que aprender a planchar, pero era muy difícil en esa época porque no eran eléctricas, sino que eran de hierro y había que calentarlas con carbón.

Además, iban a la fuente a por agua en cántaros. En verano iban muy temprano para que no les cogiera la calor. Las mozas tenían que inclinarse para llenar los cántaros y los muchachos y jóvenes se asomaban para verles los tobillos. Ellas se enfadaban si los veían espiarlas y los echaban de allí con voces e insultos. Cómo han cambiado los tiempos. Además de la fuente, que aún es funcional, también había pozos de propiedad común a los que iban a por agua y otros que eran privados, teniendo que pagar una pequeña cantidad por cada cántaro de agua que se llevaban.

Mujeres lavando en el río

Planchando con planchas de carbón

Grupo de mujeres y niñas con cántaros llenos de agua

Las jóvenes se encargaban de hacer mandados y comprar ciertas cosas en las que no hubiera que elegir. Sin embargo, para comprar en la plaza, zapatos o telas solían acompañar a las madres para aprender a distinguirlas por su calidad y conseguirlas a buen precio según las necesidades.

Una dedicación muy importante era la costura, ya que todas las prendas de vestir se realizaban en casa. Al principio, las niñas cogían hilvanes y los quitaban que era una tarea muy sencilla con lo que aprendían a coger la aguja, y después comenzaban a hacer algún pespunte y cosas de poca importancia. Luego les enseñaban a coser las piezas y por último a cortar las prendas que es la parte más difícil. Además de estas costuras hacían labores como bordar sábanas, manteles, hacer paños de bolillos, festones para sábanas, calados, punto de cruz y puntillas de ganchillo. Y también se hacía punto con lanas para confeccionar jerséis y chaquetas.

Así mismo, les enseñaban a cocinar las comidas típicas, aunque había poca variedad. Las comidas se hacían en los anafres de carbón y se tardaba mucho en cocinar porque todo era a fuego lento. Para cocinar se usaban pucheros y sartenes para freír. En toda cocina había el burropalo con dos orificios donde se colocaban los cántaros del agua. Había tinajas de barro para guardar el aceite y las aceitunas y poca vajilla porque se solía comer todos juntos del plato grande dispuesto en el centro de la mesa.

Muchas muchachas se ponían a servir en las casas de los señoritos como criadas o niñeras. Cuando eran pequeñas se encargaban de entretener a los niños, cuidándolos y jugando con ellos y sacándolos de paseo. Con más edad se encargaban de limpiar las casas o en la cocina o lavando la ropa. El trabajo era duro porque trabajaban de sol a sol, e incluso dormían allí. El salario era escaso y comían en la casa.

En los años sesenta se marcharon muchas a servir a Madrid porque los salarios eran más altos, en ocasiones para ahorrar para casarse.

Su hermana le contó que después de comer en la cocina, las mozas decían entre dientes, como si estuvieran rezando, la siguiente letanía:

> Hemos comido,
> llenitos estamos.
> a Dios le pedimos
> salud por nuestros amos.
> Que ellos se vean
> como nosotros estamos:
> ellos sirviendo,
> nosotros mandando.
> Que se metan por un zarzal
> y no puedan salir
> ni nosotros entrar,
> y cuando vayan a salir
> le damos un empujón
> y que se vayan p'atrás.

El servicio doméstico en una casa grande el día de Nochebuena

Otras jóvenes, en cuyas casas no necesitaban tanto el dinero, iban a los talleres de costura. Había talleres de bolillos, de bordado y de confección de prendas de hombres (sastrería) y costureras para mujeres. Al principio solo les enseñaban el trabajo y no cobraban, y los trabajos que realizaban eran de poca importancia y normalmente eran para casa.

Ella estuvo en el taller de bolillos de las Saínas. El orden de aprendizaje era primero el zurcido, luego el medio punto, zurcido serpentina, serpentina, alfiler y lleruza, por complicación de los tipos de puntos. Combinando todos estos puntos se hacían los pañitos, los abanicos, los pañuelos, las puntillas y las aplicaciones para sábanas. Cuando ya sabían hacer los bordados se pasaba de aprendiza a bolillera y cobraban los trabajos realizados. Según lo complicado y el tamaño de la labor cobraban por el trabajo. Cuando se casaban dejaban el taller.

Al taller iban tanto por la mañana y por la tarde. Por la mañana la jornada era de diez a dos, volvían a casa a comer y por la tarde solo cosían mientras había luz solar, por eso en verano la jornada de tarde era más larga. No pagaban por aprender, pero las aprendizas, cuando pasaban a hacer labores ganaban un dinero de lo confeccionado y las maestras se quedaban con la venta.

Taller de bordado

El papel social de la mujer en los pueblos era muy reducido, ya que una vez que se casaban estaban supeditadas al marido. Muy pocas mujeres tenían un negocio, principalmente regentando tiendas y talleres. Su vida social se reducía ya que tan solo iba a misa con otras mujeres, visitaba a la familia y amistades, y participaba en los acontecimientos familiares como bautizos y bodas. Solían vestir de negro, siempre de luto, trabajando de sol a sol en casa e incluso en muchos casos ayudando al marido en el negocio si lo tenían. Los nuevos tiempos que llegaron a España en los años sesenta permitieron que la mujer se liberara de esa vida tan esclava y consiguieran libertades que nunca tuvieron.

En las revistas femeninas se exaltaba la función de la mujer como garante de la limpieza y la honra del hogar, como la abnegada esposa que espera al marido del trabajo para hacerlo feliz, porque esa era una de las funciones más importantes que debía cumplir en su casa. El hombre trabajaba, llevaba el dinero a casa para mantenerla y cuando llegaba debía ser agasajado por la mujer que dependía de él en todos los aspectos. La mujer era considerada como un objeto más de la casa al servicio del marido.

Algunas de las recomendaciones para que la esposa hiciera feliz al marido

Los muchachos pasaban el día trabajando con el padre, aprendiendo su oficio. Si eran muchos hermanos, algunos buscaban otro trabajo si no había en casa trabajo para todos. Los hijos no ganaban dinero si trabajaban con los padres que eran los que los casaban, es decir, que corrían con los gastos de la boda y del ajuar.

Niño trabajando en el campo con su padre

Estas labores y trabajos dejaban poco tiempo para el juego y la diversión, pero los jóvenes aprovechaban cualquier ocasión para iniciar juegos, cantar o bailar. En verano, solían jugar por la noche ya que las madres salían a la calle y se sentaban en corro en las puertas a tomar el fresco. Los muchachos y muchachas jugaban y se divertían porque a esa edad todavía era pronto para salir al paseo. También se jugaba en las fiestas como en los Tosantos y en los Compadres y el domingo de los bollos y cualquier otra ocasión que se presentara.

LAS COMIDAS

De los años cuarenta y cincuenta lo más significativo eran las comidas de subsistencia que tuvieron que improvisar las madres para poder dar de comer a su familia. El año cuarenta y seis se conoce como el año del hambre porque no hubo cosecha de cereales por una gran sequía. Esa hambruna, junto con la escasez y el racionamiento de la posguerra, provocó que en las casas con tantos hijos se pasara más o menos hambre.

Todas esas comidas que salvaron la vida a la población no se han vuelto a hacer porque eran poco comestibles. Se provechaba todo lo que se podía del campo y se elaboraban guisos con lo poco que había, aderezándolos para darles algo de sabor.

Mujeres de los años cincuenta cocinando

En la ciudad era más difícil conseguir alimentos que debían comprarlos, aunque como no había mercado libre solo los conseguían con la cartilla de racionamiento, pero era muy escaso lo que se podía conseguir. La gente en los pueblos tenía más defensas, aunque también fueron años de hambre y escasez. En el campo, se recogían tacarnillas (tagarninas), romanzas, alcachofas de cardos, berros.

Las tacarnillas son las hojas de cardos, que se pelaban y se seleccionaban las zonas centrales. Después de cocerlas se cocinaban en tortilla. Estas plantas aún se cogen en las dehesas.

Las romanzas son parecidas a las espinacas, con hojas más grandes, más duras y más ácidas. Se cocían primero y luego se comían en tortilla o bien guisadas.

Con las alcachofas no se hacían comidas, sino que se comían directamente. También se cocían y se comían guisados.

Los berros crecían en las aguas limpias de los regajos, como en el Cañito, y se utilizaban para hacer ensaladas, con un sabor ácido y ligeramente amargo.

Los niños y niñas comían en el campo flores ricas en néctar por ser dulces, como la zurramámala en las eras, las chupamieles en los trigales y las golosinas que eran las flores de árboles en el camino del cementerio. Se comían los frutos verdes de la malva que llamaban el requesón y los niños cantaban "Agua y sol, el tiempo del requesón" mientras las comían.

Como había mucha hambre, cuando estaban ya granadas las espigas, pero aún verdes, se cogían y se iban pelando uno a uno los granos para comerlos. Las espigas de cebada eran mejores porque se pelaban mejor.

De aquella época es lo que ellos denominaban "arroz de Franco" que era un guiso parecido al del arroz, pero se utilizaba trigo molido. Estaba bastante malo, sin sabor ninguno y pastoso. Entonces lo comían porque no había otra cosa, pero en cuanto comenzaron o coger mejores cosechas y hubo más dinero dejaron enseguida de cocinarlo. Y no lo han vuelto a probar.

Debido a la escasez de trigo, porque una parte lo vendía Franco al extranjero, tenían que hacer pan con harina de cebada, que era más duro, pero el problema eran las pergañas, los pelillos del grano que se colaban por el cedazo y se atragantaban en la garganta. Solo se comió este pan de cebada un par de años porque no hubo cosecha de trigo o bien porque la producción se vendió.

Decir hambre y postguerra es decir pan negro, ya que en aquella época de escasez de trigo no se podían permitir los pobres elaborar o comprar pan blanco, hecho solo con harina de trigo. Comían el pan negro, un pan más denso, más oscuro, duro y difícil de tragar. Se hacía con todo lo que llegaba al molino y lo mismo en la harina estaba mezcladas paja de las espigas, las cáscaras de los granos y la harina propiamente dicha, por lo que era un pan de menor calidad, más barato y menos apetecible. En cuanto la situación mejoró, lo que más rápidamente desapareció fue el pan negro. Incluso para reducir el costo, al tiempo que se empeoraba mucho la calidad del pan, se mezclaba también la harina de trigo con harina de otros cereales de menor importancia como el centeno o la avena, e incluso con harina de garbanzo que hacía todavía más duro e incomible al pan negro.

Se hacía harina con ellas o se comían bellotas y castañas, y la patata se sustituyó por el boniato.

Los cereales más consumidos eran la cebada, la avena y el centeno, de menor precio y de peor calidad, ya que el trigo producido servía a Franco para pagar las deudas de guerra a Alemania.

Como legumbres se comían lentejas, algarrobas, altramuces y almortas o muelas. Este alimento era peligroso de comer porque contiene una sustancia tóxica que altera el sistema nervioso y produce una enfermedad llamada latirismo que puede incluso causar la muerte. Pero comerlas de vez en cuando no era peligroso.

Era muy frecuente comer las semillas de las algarrobas, que provienen del fruto largo de un árbol, el algarrobo, con las que se elaboraban harinas o se comían directamente. En aquella época no se solían comer y su uso fue más por necesidad, pero ahora se ha redescubierto este alimento y se hacen cremas, dulces y otros productos con grandes beneficios para la salud.

Algarrobas y almorta, dos alimentos de la postguerra

Un artículo de lujo era el café, una bebida muy arraigada en la cultura popular. Pero no se perdió la costumbre y se hacían cocimientos de otras semillas para obtener un líquido que recordaba vagamente al café. El más normal era el llamado café de achicoria, que se hacía machacando la raíz de la planta de la achicoria que crece silvestre en los campos españoles. El cocimiento de la achicoria produce un líquido con el color y cierto sabor al café, pero, a diferencia de éste, no tiene cafeína por lo que no despierta. También se hacía café de cebada molida y tostada.

Achicoria molida que recuerda al café

Las madres tenían que hacer lo que podían para preparar un plato caliente que poner en la mesa para sus hijos. En los pueblos había más posibilidades de comer carne cuando se moría una oveja de parto o si mataban una oveja vieja, porque entonces los pastores vendían la carne a bajo precio o la regalaban a los familiares. También se cazaban pájaros con ballestas, se cogían peces con trampas o garlitos y había gallinas en el corral que ponían huevos y criaban pollos.

Los garbanzos no se cocinaban en puchero como antes con carne, chorizo, morcilla y tocino sino guisados con romanzas o acelgas o espinacas de las huertas y aceite en sustitución de la grasa del tocino. Las patatas se cocían con el guiso de siempre, pero no se les echaba carne, más que cuando la conseguían, y solían hacerse con bacalao o con cazón. Los frijones, lentejas y almortas se guisaban sin carne alguna. El arroz se comía con almejas que le daban buen sabor, ya que el famoso arroz de Franco solo se comió durante poco tiempo, un año aproximadamente, el más duro.

Las comidas más comunes se hacían con harina o con pan. Así se preparaban repápalos guisados, migas, sopas de ajo, sopas rociadas, sopas de tocino (los trocitos de tocino se refreían en aceite y luego se echaba agua y pan hasta formar una masa). Y en verano comían gazpacho y sopón que era igual, pero con trozos grandes de tomate, pepino y pan y mucho aceite. Como postres más habituales se preparaban repápalos con leche y las sopas o papas de harina que se solían hacer en Nochebuena.

Se compraba una peseta de sardinas en lata, trozos de tocino en conserva y poco más porque había escasez hasta en los comercios. La fruta que comían era de temporada, según lo que daba el campo y por eso era más frecuente comer fruta en verano.

En cuanto al pescado más consumido eran las sardinas, bogas, pescadilla y jureles que resultaban más baratos que la carne.

Entonces solo se consumía en el pueblo carne de cordero, ya que los pollos se comían del corral y no se vendían y el cerdo servía para la matanza, el que podía tenerlo y eso era una salvación importante para todo el año.

Se comía mucho bacalao seco y salado con el que se hacían muchas comidas, como el arroz, patata y bacalao, el escabeche de bacalao y bacalao frito.

Cocinando en el anafre

ACTOS RELIGIOSOS

Las mujeres jóvenes acudían a los actos religiosos casi a diario y entre las mujeres mayores sobre todo las más beatas y las señoritas que no tenían tanto trabajo.

La vida del pueblo estaba regida por las campanas que tocaban a horas determinadas. A las seis y media de la mañana tocaba el Ave María como señal para que se levantaran los hombres para ir al campo. A las ocho tocaba para Misa Mayor que era diaria y se decía en la Parroquia. Luego tocaba a las doce, que es el Ángelus. A las dos tocaba Vísperas indicando que era hora de comer, aunque en verano tocaba a las tres. Al oscurecer se tocaba la Oración, pero no había una hora fija, siendo más temprano en invierno y más tarde en verano. A las diez tocaba Ánimas Benditas para señalar la hora de acostarse. Todos estos toques los daba el sacristán que tenía que subir cada vez las escaleras de la torre.

La quea era un toque de campanas propio del verano, a las cuatro de la mañana, antes del avemaría. No se podía salir al campo antes de la quea para que nadie robara en el campo y si se veía a alguien a esas horas en el campo se le denunciaba. Sobre todo había esta prohibición porque era la época de las eras y las cosechas y había robos de grano.

Los domingos era diferente. A las seis y media de la mañana se decía Misa de Alba y no se tocaban las campanas a las ocho sino a las diez de la mañana que era cuando se decía misa. A misa de Alba iba mucha gente. Como curiosidad, a esta misa mandaban las señoritas a las doncellas internas para que luego estuvieran todo el día trabajando. Y ellas iban más tarde, a la misa de las diez. Había días especiales, como el uno de mayo que se celebraba el día de San José Obrero, en que la misa importante era la de las diez y allí acudían los feligreses a escuchar la misa.

La misa siempre era por la mañana, nunca por la tarde. Por la tarde solo se celebraban los oficios de Semana Santa y los entierros. Se celebraban por la mañana porque los que comulgaban no podían tener en el estómago nada de comida, para recibir el cuerpo de Cristo limpios de cuerpo y alma. Por eso se decía que para comulgar había que hacerlo "en ayunas y en gracia de Dios".

Misa celebrada en latín con el sacerdote de espaldas y las mujeres con mantón

La misa era celebrada en latín con el sacerdote y los monaguillos mirando de cara al altar mayor y, por tanto, dando la espalda a los feligreses. El cuerpo doctrinal de la liturgia lo decía el cura en latín, pero las oraciones se decían en castellano y así también participaban en los rezos los fieles asistentes. Aun así, había algunos, pocos en el pueblo, que entendían lo que el cura decía e incluso contestaban en latín o algo parecido. En la catequesis y en la doctrina les enseñaban las señales que indicaban durante el oficio religioso cuándo tenían que sentarse, levantarse o ponerse de rodillas, así como el paso de una parte de la misa a otra. En el año 1965, el papa Pablo VI permitió que cada país celebrara la misa en su idioma y de cara a los fieles asistentes.

Debido a esta costumbre de decir la misa en latín de espaldas a la concurrencia, durante la República, los menos creyentes definían así a la misa:

"La misa es un montón de ignorantes
mirándole el culo a un danzante."

Durante la celebración de la misa había momentos en que doña Paca tocaba el piano, antes se tocaba el órgano, y el coro formado por las mujeres de Acción Católica cantaban algunas canciones. Ella no se acuerda de ninguna porque no las cantaban, solo cantaba el coro y el resto de los feligreses simplemente escuchaban los cantos.

En esos años no se celebraba misa por la tarde, como ocurre ahora, y por la tarde solo se iba a la iglesia a rezar el rosario en las novenas que eran bastante a lo largo del año. Prácticamente, todos los días había algún acto religioso en la Parroquia, nunca en la ermita del Cristo, bien una novela o bien oraciones. Ella solamente iba a las novenas más señaladas como las del Corpus, la del Cristo o la de la Pura. Además, en las casas era muy común que se rezara el rosario por las tardes, como en el mes de San José (marzo) o en el mes de mayo en honor de la Virgen. También se rezaba el rosario en las casas de un difunto durante nueve días (un novenario) al que acudían los familiares y las vecinas. En las casas particulares el rosario se rezaba en castellano, pero en la iglesia el cura rezaba el rosario en latín y las mujeres respondían también en latín a las letanías, aunque las oraciones se decían en castellano.

Cuando tocaban las campanas a las doce de la mañana se cantaba esta canción, que solían cantarla en la escuela de verano que eran clases particulares que impartían algunas mujeres jóvenes. Eran escuelas donde poco aprendían, sino que se dedicaban a entretenerlas y tenerlas recogidas durante la mañana. Este toque era el del ángelus, que en muchos lugares era un momento en que se dejaban las tareas y se rezaba un Avemaría con recogimiento.

Las doce están dando,
el niño llorando.
La virgen María
lo está consolando
con una cestita
de mucho regalo.
Levanta José
y enciende candela
verás lo que anda
por la chimenea.
Los ángeles son
que van de carrera.
Llevan un niño
envuelto en un paño.
¿De quién será ese niño?
De Dios soberano.
Lleva tres llaves:
una con la que cierra,
otra con la que abre
y otra con la que dice
el credo y la salve.

El toque de oración al anochecer era la señal para que las niñas y niños se fueran a casa y dejaran los juegos. En invierno era más temprano en invierno que en verano porque anochecía antes. Al escuchar las campanas, las niñas recitaban: "A la oración cierran los conventos y las pobres monjas se quedan dentro."

Con las campanas se anunciaban también acontecimientos en el pueblo. Los toques de difunto o también llamado la Señal se ejecutaban solo por la mañana. Si tocaba a las ocho de la mañana, significaba que el entierro era esa tarde, pero si tocaba más tarde, a las diez, quería decir que se enterraba al otro día por la tarde. Antes no solía haber entierros por la mañana. Si el fallecido era una mujer se daban seis toques de campana, pero si era un hombre entonces se daban nueve toques. Doblar a difunto, que también se decía así, "están doblando, alguien ha muerto" se decía, consistía en dar tres juegos de campanas: los dos primeros eran solos con la campana gorda, y el último era doble. En el caso de los hombres eran tres grupos de tres campanadas y en el caso de las mujeres eran tres grupos de dos campanadas, siendo nueve en total en el primer caso y seis en el caso de ser una mujer.

Si el difunto era un niño, el toque de las campanas era diferente, más seguido y se llamaba el Repiquete.

Antes de los entierros se daban campanadas a intervalos regulares que anunciaba que llegaba la hora.

También se tocaban las campanas con un repiqueteo especial cuando el cura salía hacia la casa de un enfermo para darle la extremaunción. Cuando escuchaban el toque de campana, ella y sus amigas, junto con otras personas, se acercaban a la Parroquia. El cura llevaba la custodia para darle la comunión al enfermo y se acompañaba del incensario que se balanceaba por delante del cura y una campanilla que anunciaba el paso del cortejo. Los monaguillos llevaban el incensario y tocaban la campanilla. Esta procesión del viático era como siempre, es decir, dos hileras por ambas aceras de la calle y el cura con los monaguillos por el medio. El recorrido de la procesión variaba cada vez, porque se iba a una calle diferente del pueblo según donde vivía el enfermo. En la casa solo entraba el cura para darle los santos óleos o extremaunción y escuchar la última confesión de sus pecados y comulgar. Tras cumplir con su cometido, la procesión hacía el recorrido inverso hasta la Parroquia, ya que los acompañantes esperaban al cura en la puerta del enfermo para acompañarlo a la iglesia.

Cuando había fuego o cualquier acontecimiento que entrañase un peligro se tocaba a Rebato, con las campanas tocando muy rápido para prevenir y avisar a toda la población. Era la forma más rápida que se tenía para alertar a la gente.

Además, se escuchaba el reloj del Cristo, que en el silencio de la noche podía escucharse en todo el pueblo. Si se escuchaba bien en su casa, que está muy lejos del Cristo, era porque había viento. Era el viento solano y significaba que iba a llover. Por eso se decía "El aire solano, el agua en la mano."

Con mucha frecuencia, las jóvenes tenían la obligación de confesarse para estar en gracia de Dios y poder comulgar. Antes de acudir al confesionario, se realizaba el acto de contrición frente al altar mayor y para esperar el turno. Cuando llegaban al confesionario, los fieles se arrodillaban y se presentaban diciendo "Ave María Purísima" y el cura contestaba "Sin pecado concebida". Entonces la persona se acusaba de los pecados cometidos, que a su edad y en su época eran de poca importancia y más bien eran pecados veniales. En algunas ocasiones, si así lo estimaba, el cura preguntaba por algún comportamiento que pudiera ser pecaminoso. Al concluir la confesión, el sacerdote le decía "Ego te absolvo a peccatis tuis in nomine Patris, et Filii et Spiritus Sancti" al tiempo que hacía frente al penitente la señal de la cruz. Y, por último, ponía la penitencia que solía ser rezar unos padrenuestros, avemarías o credos según sea la gravedad de los pecados confesados. El pecador rezaba su penitencia, arrodillado frente al Sagrario, para pedir con ello el perdón de sus pecados. Al salir de la iglesia, la persona se sentía más reconfortada y limpia, en comunión con Dios, en estado de gracia.

Para comulgar era necesario hacerlo en ayunas, de ahí que se celebrase la misa por la mañana, antes de haber comido nada. Por eso, se decía que había que comulgar "en ayunas y en gracia de Dios", es decir, sin nada en el estómago para que no contaminara con impurezas el cuerpo de Cristo, y confesados, es decir, limpios de pecado o en gracia de Dios. Para realizar la comunión, el cura se ponía delante del altar mayor y se formaba una hilera de comulgantes. Al llegar al sacerdote, la persona que comulgaba, éste decía "Cuerpo de Cristo" y tras contestar "Amén", disponía la lengua para que le colocara en ella la hostia consagrada. La comunión era un acto de fe y recogimiento. Entonces no se podía coger con las manos y una vez en la boca estaba prohibido tocarla incluso con los dientes. El comulgante regresaba a su lugar y se arrodillaba como acto de contrición y de respeto.

Se acostumbraba a rezar una Jaculatoria para implorar la ayuda de Jesús y de María:

Sagrado corazón de Jesús en vos confío.
Dulce Corazón de María
sed la salvación del alma mía.

Eran muchas las oraciones que se decían en ocasiones adecuadas y con diferentes motivos. Estas oraciones no se decían durante la celebración de la misa, sino por algún motivo determinado. La vida diaria estaba regida por la religión y por eso se decían rezos en múltiples ocasiones con una finalidad determinada. En algunos casos se decían oraciones por alguna razón determinada, para hacer una petición a un santo, para buscar protección, para rezar antes de acostarse o para encontrar cosas. Estas oraciones eran externas a la iglesia y se decían en cualquier momento del día según convenía.

Algunas de estas oraciones son las siguientes:

1.- Oración de San José.

Esta oración se decía en el mes de san José, que se rezaba en una casa particular, no en la iglesia. Iban todas las tardes, sobre todo las mujeres mayores, pero también acudían las jóvenes. Se rezaba el rosario y oraciones como esta, que se rezaba al final, a modo de despedida.

Sírveme de guía y luz
en toda necesidad.
La inmaculada bondad
del mismísimo Jesús.
Se acabarán, bien se ve,
nuestras penas y dolores
teniendo por protectores
a Jesús, María y José.
Jesús, María y José,
esposo del alma mía,
haced que yo siempre esté
adorándote noche y día.
Jesús, María y José,
os alabo y os bendigo
y de corazón os digo
todo cuanto sé.
Adiós ilustre José,
casto esposo de María,
que mañana volveremos
para hacerte compañía.
Con tu santa voluntad,
la de Jesús y María,
en vuestra eterna mansión
espero gozar un día.

2.- Oración de petición.

Se trata de un rezo para pedir que se le conceda a una persona algún favor y solía rezarse en un momento de apuro, para pedir ayuda, en este caso, a Santo Tomás.

> Santo Tomás de Villanueva,
> obispo de Casasanta,
> una limosna te pido
> con el corazón y el alma.
> Dámela Santo Tomás
> que me hace mucha falta.
> Por tu padre y por tu madre,
> por las olas del mar
> que van y vienen,
> que me llenes la casa
> de salud y algunos bienes.
> De las siete limosnas
> que das al día
> que no sea la última la mía.

3.- Oración para los difuntos.

Esta oración se recitaba cuando fallecía una persona, encomendándolo a la Virgen del Carmelo para que lo recogiera y lo llevara al cielo con ella.

> Virgen santa del Carmelo,
> por tu escapulario santo,
> cubrirlo con vuestro manto
> y llevarlo con vos al cielo
> y ser para su consuelo
> el medio más poderoso.
> Ser su amparo amoroso
> Madre de Dios del Carmelo.

4.- Plegaria al Cristo.

Esta oración era cantada en las novenas del Cristo y se cantaba al despedirse.

>Señor, Señor de la Misericordia,
>dulcísimo Jesús,
>escucha las plegarias de Ribera
>y danos tu perdón.
>Tú eres nuestra gloria y esperanza,
>tú nuestro redentor,
>tú eres nuestra vida y esperanza
>tú eres nuestra salvación.

5.- Acto de contrición.

Esta oración se rezaba al acostarse para pedir perdón por los pecados cometidos.

>Señor mío Jesucristo,
>dueño de mi corazón,
>confesaré mis pecados,
>tú bien sabes cuáles son.
>Dame paz en esta vida
>y en la otra salvación.

6.- Oración para acostarse.

Esta oración la rezaba su madre, y ahora ella, en el momento de acostarse, dejando protegida su casa para poder dormir con descanso. En cada lugar por donde podía entrar el demonio o los ladrones durante la noche, se colocaba una protección.

>En la puerta de mi ventana:
>San Joaquín y Santa Ana.
>En la puerta de la calle:
>Jesús y su madre.

En la puerta del corral:
la Santísima Trinidad.
En la puerta de mi aposento:
el Santísimo Sacramento.
Madre del señor san Juan
dale una vuelta a mi casa
que yo ya me voy a acostar.

7.- Oración final.

También se rezaba al acostarse y en ella se encomendaba a la Virgen por si moría por la noche.

Al echarme en esta cama,
al echarme en la sepultura,
en la hora de mi muerte
ampárame Virgen Pura.

8.- Rogativas para que llueva.

En una zona con pocas lluvias a lo largo del año, era frecuente que se produjeran largos periodos de sequía. Por eso, se hacían procesiones o rogativas para pedir que lloviera. Una oración era la siguiente:

Agua, Señor, agua,
agua si conviene.
Los trigos se secan
y el agua no viene.
Los trigos se secan,
también la cebada,
también los garbanzos
y también las habas.

Otra oración que se recitaba como rogativa para que lloviera estaba destinada a la Virgen de Botós, la patrona de la Puebla.

Virgen de Botós,
corona de espinas,
mándanos el agua
clara y cristalina.
Esa fuente que tenéis
al lado de vuestra ermita
haced una nube de ella
que el campo la necesita.

9.- Rogativa en procesión.

En tiempo de sequía para pedir que lloviera se preparaba una procesión por las calles del pueblo y al tiempo que las campanas tocaban con un ritmo especial se recitaba esta rogativa:

Agua sí.
Truenos no.
Rogativas
al señor.

En estas procesiones no se guardaba un orden como en Semana Santa, sino que delante iba la imagen sagrada y detrás toda la gente.

Procesión en un pueblo sacando el Cristo en rogativa

10.- Oración a San Antonio.

La oración de San Antonio se utilizaba para encontrar cosas que se han perdido. Si cuando se termina la oración se escucha un ruido o el canto de un pájaro es que lo perdido va a aparecer. Si todo queda en silencio, entonces es que no aparecerá. Muchas mozas que no encontraban novio se lo pedían a San Antonio, y era muy frecuente encontrar canciones o poemas en los que se hacía referencia a esta costumbre. Por ejemplo, recuerda el verso que dice "Y la que no tenga novio, que se lo pida a San Antonio".

> San Antonio de Padua,
> que en Padua viviste,
> en Lisboa te criaste,
> en el púlpito
> en que nuestro señor Jesucristo
> predicó, tú predicaste.
> San Antonio, San Antonio,
> vuelve atrás,
> que a tu padre van a ahorcar.
> Tres cosas le pediste:
> que lo perdido
> fuera hallado,
> lo muerto sepultado
> y lo lejano acercado.
> Tres padres nuestros
> te rezo. Ni te los doy
> ni te los quito.
> En la manga de tu hábito
> te lo deposito.
> No te los rezo santo mío
> hasta que aparezca
> lo que te pido.

Los curas de los años cincuenta vestían el traje talar, llamado así porque era un traje largo que llegaba hasta los talones y solo dejaba visibles los zapatos. Era de color rigurosamente negro y estaba formado por la sotana, una túnica larga y holgada, que podía ser sujetada por un cinto, y por encima se colocaba el manteo, una capa amplia con la que se cubría el cuerpo. Además, llevaban en la cabeza un sombrero especial, conocido como la teja por su forma tan curiosa, con dos alas dobladas hacia arriba en los laterales.

Cuando los niños veían al cura en la calle acudían a saludarlo y besarle la mano en señal de respeto. Don Luis Zambrano y su hermano don José llevaban siempre en la mano una figura pequeña de la Virgen que daban a besar a los niños. Luego los arropaban contra ellos con el manteo y los hacían carantoñas. Incluso había un secretario del ayuntamiento muy beato que también tenía en su mesa una estatuilla de la Virgen y en cuanto un niño entraba se la mostraba para que fuera a besarla.

Curas antiguos con el traje talar y su sombrero

Eran frecuentes las visitas al pueblo de los padres misioneros, que eran el padre Rodríguez y el padre Sarmiento. Estos misioneros venían normalmente antes de Semana Santa y se quedaban en casa de los ricos, como la de doña Alegría. Con motivo de la visita de los padres misioneros se celebraban muchos actos religiosos.

Con el triunfo del franquismo, la Iglesia vio la ocasión de evangelizar de nuevo a la población española que, con la República, se había alejado del cristianismo. En ese contexto nacieron las llamadas misiones de postguerra, donde los sacerdotes acudían a los pueblos para celebrar actos multitudinarios en los templos. En los días en que los misioneros estaban en la localidad, todos los días había actos religiosos como vía crucis, procesiones, rosarios de la aurora y misas con sermones donde se reconvenía a la población para que regresara al redil de la Iglesia y abandonara los malos hábitos y el descreimiento, sobre todo anunciando el castigo eterno en el infierno de los ateos que no cumplían con los preceptos de la Iglesia. También impartían charlas para mujeres solteras y casadas para formarlas en sus deberes matrimoniales, y de hombres para que abandonaran las ideas ateas y se integraran en el seno de la iglesia. El último día, la despedida de los padres misioneros se convertía en un acto donde casi estaba obligada toda la población a asistir, con una misa solemne.

El adoctrinamiento religioso de los niños también se veía reforzado por los actos vinculados a las misiones cristianas. Los padres misioneros eran recibidos el día de su llegada por una algarabía de escolares con sus maestros y maestras, que los vitoreaban. Además, los padres misioneros daban charlas a los niños, bien en la propia escuela o en la iglesia, en horario escolar y llevados por los maestros por lo que era obligatoria la asistencia para los niños. También participaban los niños en actos públicos como procesiones en donde los niños cantaban canciones y agitaban banderitas de España o del Vaticano. Los padres misioneros tenían un interés especial en evangelizar a los niños porque eran más manipulables y también porque a través de ellos podían atraer a las madres y padres. Los actos con los niños se realizaban en los primeros días y se conocían como la misión infantil.

El día de la llegada de los padres misioneros al pueblo, los escolares, acompañados por sus maestros, iban a recibirlos, aplaudiendo su llegada y agitando banderitas. Hacían procesiones y actos religiosos en las escuelas, pero lo que más conmovía a los pequeños eran los sermones que desde el púlpito daban los padres misioneros. Por la mañana, en horario escolar, se celebraba misa en la Parroquia. Les hablaban del diablo, de ir al infierno si eran malos y no cumplían con los mandamientos de la iglesia, les prometían el cielo ya que los pobres eran los hijos de Dios y renunciaban de las riquezas. Los sermones eran tan dramáticos que las niñas lloraban viéndose ardiendo en el infierno. Aunque algunos comprendían que entre lo que los padres misioneros predicaban y lo que hacían no había congruencia, ya que ensalzaban la pobreza, pero dormían y comían en casa de los señoritos del pueblo.

Procesión de niños con los padres misioneros

Uno de los actos de mayor repercusión en la población era el Rosario de la Aurora, que antiguamente era común, pero que entonces se celebraba solamente en contadas ocasiones, en época de Semana Santa que era cuando venían los padres misioneros al pueblo. Con esta práctica, los padres misioneros querían remover las conciencias cristianas. Salían en procesión por las calles del pueblo mientras rezaban el rosario y entonaban cánticos, alumbrados por velas y faroles. Como su nombre indica, este rosario público y popular se celebraba al final de la madrugada, antes de la llegada del alba o amanecer. Los padres misioneros se colocaban en el centro de la calle, en mitad de la procesión y eran los que marcaban las estaciones del rosario y las canciones que debían ir cantando. Cuando rezaban un misterio se detenían y lo rezaban, luego los participantes en la procesión recitaban las oraciones (Ave María). Las canciones se cantaban mientras caminaban por las calles.

Procesión organizada por los padres misioneros en un pueblo

En las canciones del Rosario de la Aurora se recomendaba salir de la cama y glorificar a la Virgen acudiendo a la procesión y rezando el rosario como la mejor forma de salvación del alma.

Una de las canciones que recuerda era:

> *Pecador no te acuestes*
> *nunca en pecado,*
> *no sea que despiertes*
> *y estés condenado,*
> *Viva María*
> *Viva el rosario,*
> *Y Jesús viva, viva,*
> *Sacramentado.*

En una ocasión se formó un revuelo en la procesión porque un hombre se asomó por la ventana al paso del rosario y dijo esto con el mismo sonsonete.

> *Vosotros por la calle*
> *y yo acostado.*

Otra canción que se cantaba durante el rosario de la aurora era la siguiente:

> *El demonio al oído*
> *te está diciendo:*
> *no reces el Rosario,*
> *sigue durmiendo.*

Una expresión muy popular y conocida es "Acabar como el Rosario de la Aurora", que significa que un acontecimiento acabó muy mal, en trifulca, peleándose por cualquier causa. Parece ser que esta comparación tiene su origen en una bronca sonada que hubo en Sevilla durante la celebración del Rosario de la Aurora, aunque no está claro si fue entre gente que rezaba el rosario y otros que querían impedírselo para poder dormir, o bien cuentan que la gresca pudo formarse al encontrarse en una esquina dos cofradías que rezaban el rosario y se enfrentaron entre sí a golpes e insultos.

El día en que se marchaban los padres misioneros también salían a despedirlo los niños y gentes de la iglesia. Se les solía cantar una canción de despedida.

Padre misionero
no se vaya usted,
que niños y niñas
lloran por usted.

Una costumbre religiosa muy arraigada en el pueblo, que también se daba en todo el territorio español, eran las promesas a la iglesia. Estas se hacían, sobre todo, para agradecer curaciones de enfermedades, si una operación quirúrgica salía bien, si regresaba salvo un hijo de la mili o por cualquier otro motivo que la gente supusiera de gran importancia para su vida y necesitara de la intervención de la Virgen, de Cristo o de cualquier santo al que le tuviera devoción. En aquella época a casi todo se le atribuía un carácter divino y la gente se solía agarrar a los santos y a la Virgen para que la sacara de cualquier apuro o suceso que se le presentara en la vida.

Estas promesas eras muy variadas. La más frecuente eran los novenarios, que consistían en ir a misa quien lo había prometido, a veces acompañado de la persona favorecida, durante nueve días seguidos. A veces solamente se ofrecía una misa o bien una limosna a la Iglesia.

Si la promesa se le había hecho al Cristo, los ofrecimientos más comunes eran pasar un día en la ermita rezando, y en casos de gran ayuda se prometía ir de rodillas desde el principio del paseo, subir los escalones y entrar así en la ermita. Otras mujeres iban descalzas desde su casa hasta el Cristo para cumplir la promesa y agradecer el favor concedido.

Otro tipo de promesa muy común era ofrecer un hábito. Había principalmente tres tipos de hábitos: el de la Inmaculada que era de color celeste, el de Jesús que era de color rojo con un cordón amarillo y el de la Virgen del Carmen que era de color marrón. Los hábitos se ofrecían por un tiempo determinado, como un mes, un año o dos, e incluso había gente que llevaron hábito de por vida después de un hecho importante al verse favorecida. Los hábitos de la Inmaculada y del Señor eran más llamativos y por eso se solían ofrecer durante un tiempo, pero el hábito del Carmen era mucho más frecuente y solía ofrecerse de por vida, de tal manera que la mujer vestía con un vestido marrón hasta su muerte.

Mujer con el hábito del Carmen

La persona que hacía la promesa tenía que cumplirla, y si por alguna razón moría y no la cumplía entonces alguien de su familia la cumplía por ella. Había la superstición de que si alguien moría sin que la promesa estuviera cumplida entonces se le aparecía a la persona por la que había hecho la promesa.

Si por alguna razón de peso el penitente no pudiera cumplir la promesa, cabía la posibilidad de cambiarla por una limosna equivalente según indicara el cura del pueblo, al que se solía consultar en estas ocasiones, por lo que así quedaba saldada la promesa y podía morir tranquilo de que no se aparecería.

Como un momento más familiar, en algunas casas se bendecía la mesa antes de comer, no siendo una práctica muy general. Se hacía en familias muy religiosas, agradeciendo a Dios la comida que iban a tomar.

En el año 1952 se inauguró un monumento en el cerro situado entre Ribera y Puebla del Prior. Está formado por una peana alta y de forma cuadrada, con una imagen de Cristo. Fue erigido dicho monumento por ambos pueblos y en su inauguración participaron feligreses de las dos localidades. Se organizó una procesión a pie desde la Parroquia hasta dicho monumento desde Ribera y otra también desde Puebla del Prior, llevando a la Virgen de Botós. Se llevó en procesión a la Pura, que está en su capilla, vestida de celeste. Fue muchísima gente de Ribera. Las autoridades locales y los curas de los pueblos inauguraron el monumento y la gente regresó al pueblo acompañando también a la virgen.

El día de la inauguración del Monumento

El Monumento

Placa en el monumento del cerro

FIESTAS RELIGIOSAS

En determinadas ocasiones festivas en que se celebraba un santo o un acontecimiento eclesiástico, se paraba, es decir, que no se iba al campo a trabajar y se cerraban las oficinas municipales. En estos días se celebraba una misa a las diez de la mañana, y algunas veces había también una procesión. Repasaremos a continuación las principales fiestas religiosas que se celebraban en Ribera a lo largo del año.

El día de año nuevo se comenzaba el año escuchando misa. El uno de enero siempre ha sido día de precepto, es decir, que era obligatorio para los cristianos escuchar misa completa ese día. En esa misa se celebra la maternidad divina de María, aunque según la Biblia sería el día de la circuncisión de Jesús que ocurría a los ocho días de nacer el niño. Esto recuerda a la obligación de bautizar a los niños a los ocho días de nacer.

En febrero, después del jueves de compadre, el miércoles siguiente y antes del jueves de comadre, se celebra el llamado miércoles de ceniza. Se iba a misa por la mañana y el cura imponía la ceniza en la frente haciendo una cruz, para significar que no somos nada, más que polvo y estamos en manos de Dios. Por eso, al imponer la ceniza, el cura decía "Polvo eres y en polvo te convertirás." Más adelante, cuando los niños estaban todos escolarizados, la ceniza se imponía a los niños por la mañana y después salían a la plaza de la Parroquia donde estaba la cruz de los caídos para cantar el Cara al Sol, una de las pocas ocasiones en que se cantaba ese himno franquista en el pueblo. Por la tarde iban a tomar la ceniza los mayores.

A partir de ese día comenzaba la Cuaresma, cuarenta días de penitencia. Los viernes no se comía carne en señal de abstinencia, y se solía comer bacalao o verduras. Sin embargo, los ricos podían saltarse la obligación de no comer carne los viernes de Cuaresma, porque pagaban la bula, es decir, que con el dinero se saltaban los preceptos de la Iglesia. Los que más defendían la religión, eran los que no cumplían con sus normas. Por eso se decía:

Miércoles de ceniza

que triste vienes,

con cuarenta días

que traes de viernes.

El domingo de Ramos se iba a misa y allí recogían el ramo de olivo bendecido con agua bendita, el cual se colocaba en el cuadro de la cabecera de la cama durante todo el año. El ramo servía como protección a la familia. Era costumbre estrenar algo ese día, aunque en los tiempos en que ella fue niña y joven no había dinero para comprar nada. Es muy conocido el dicho:

El domingo de Ramos,

el que no estrena no tiene manos.

En aquellos años, la Semana Santa era un tiempo especial, de tal manera que no se podían tocar las campanas durante los días de Pasión. En su lugar, se tocaban las carracas y matracas que salían por las calles para indicar la hora como antes hacían las campanas (a las doce, a las dos, oración). Era mucho el ruido que se hacía con estos instrumentos hechos de madera y por eso ha quedado la expresión "Dar la matraca" que significa dar la lata por ser muy ruidoso.

Las matracas eran instrumentos de hacer ruido más grandes y pesados que solo se tocaban en Semana Santa. Las había de mano para hacerlas sonar por las calles y otras de gran tamaño que se colocaban en los campanarios y se hacían sonar sustituyendo a las campanas. Las carracas eran más pequeñas y manejables, haciéndose girar para provocar ruido. Muchos niños las utilizaban en otras ocasiones como fiestas o por simple diversión, por lo que su utilización no era tan solemne con las matracas.

Carracas — *Matraca de Semana Santa*

El Jueves Santo se iba a los oficios religiosos que eran muy largos porque se narraba la detención, pasión y muerte de Jesús. Luego se salía en procesión por el pueblo. Sacaban en procesión El Señor con la Cruz a Cuestas o Nazareno que está en la Aurora, desde donde se sacaba antes y lo llevaban a la Parroquia y después de la procesión regresaba de nuevo a su iglesia. Acompañándolo iba también la Virgen de los Dolores. Había nazarenos que eran los que llamaban los Hermanos del Señor que era la cofradía que llevaba las imágenes. La procesión se hacía con las imágenes por el centro de la calle y en las aceras dos filas de fieles. Las mujeres solían vestir de negro, aunque no era obligatorio, pero sí llevaban velo. La procesión se hacía en silencio, sin rezar ni cantar. Se llevaban velas encendidas en la procesión.

Procesión de Semana Santa en los años 50

El recorrido de la procesión era siempre el mismo: la calle Hospital, la Carretera, se volvía por la calle del Hoyo y por la calle Gajarda se regresaba a la Parroquia. En el llano de la iglesia se hacían las tres caídas, que consistía en que la imagen del Nazareno se agachaba tres veces delante de la Virgen.

Las tres caídas del Nazareno delante de la Virgen

En la procesión iba primero el cura bajo palio, con las autoridades locales (alcalde, sargento de la guardia civil) y después la imagen procesionada. Tras ella iban los cofrades que eran solo hombres. Las mujeres y los niños acompañaban a la procesión formando dos hileras en cada una de las aceras. Pocos hombres iban a las procesiones sin ser cofrades y éstos se solían colocar al final de las filas. Durante el recorrido de la procesión se caminaba en silencio. En el pueblo no se cantaban saetas ni se rezaba durante la procesión. Los municipales controlaban las filas y que se guardara silencio. También había nazarenos con sus capiruchos que procesionaban con la imagen y tras ella iban algunas mujeres, normalmente señoronas, vestidas de negro y con mantilla. Tras ellas iban los penitentes que solían ser mujeres, pero también hombres, que habían prometido ir descalzos durante todo el recorrido de la procesión en señal de agradecimiento por alguna petición hecha y satisfecha.

Procesiones típicas durante los años cincuenta

El Viernes Santo era un día de rezos en la iglesia ya que constantemente había mujeres rezando velando a Jesús durante todo el día. Se procuraba que la iglesia no quedara nunca sola, de tal manera que hasta que no llegaban más mujeres como relevo no se marchaban las que ya llevaban allí bastante tiempo. El viernes por la tarde se hacía el Vía Crucis y después se sacaba a Jesús en la urna, en lo que se conoce como Procesión del Entierro. El recorrido de la procesión era bajar por la calle Hospital y subir por la calle Larga, por tanto, mucho más corto que la del día anterior.

A las doce de la noche salía la Soledad, en una procesión menos numerosa. Salía buscando a su hijo difunto. Era una procesión de recogimiento y de silencio, con el paso de la virgen vestida con un manto negro, sin velas ni faroles. Es lo que siempre se ha denominado la Procesión del Silencio.

Salida del Santo Entierro de la Parroquia de Ribera

El sábado por la mañana iban las muchachas por la mañana a recoger el agua bendita que estaba en unos baños grandes. Las muchachas recogían el agua con alguna botella o un jarro de su casa.

Cuando llegaban a casa, echaban salpicando con los dedos en todos los rincones un poco de agua bendita al tiempo que decían:

Sal demonio del rincón,
que ya resucitó nuestro Señor.

Con este ritual se celebraba la resurrección de Jesús y su victoria sobre el demonio. Se suponía que durante el tiempo en que Jesús estaba muerto el diablo se apoderaba de las casas escondiéndose en los rincones. Por eso, al resucitar Jesús el sábado con este rito se le anunciaba al diablo que Jesús los protegía de nuevo y se le invitaba a marcharse de casa porque ya no tenía ocasión de causar mal.

Más tarde se comenzó a celebrar el sábado por la noche la Misa de Resurrección, una celebración jubilosa de la resurrección del Señor en la que se cantaba y se encendía una vela como muestra de alegría. Con el tiempo se perdió la costumbre de llevar agua bendita a las casas para echar al diablo, pero se seguía recogiendo un poco de agua bendita tras la misa del sábado como amuleto protector.

El domingo de Resurrección se hacía misa por la mañana en la Parroquia y luego se sacaba en procesión al Jesús Resucitado y a la Virgen del Rosario, dos pequeñas tallas. Iban por la calle del Hospital y al llegar al paseo, uno se adelantaba y aparecían uno por un extremo del paseo y otro por el otro. Todos los laterales del paseo del Cristo estaban llenos de gente para ver los tres abrazos. Estos abrazos consistían en que las dos imágenes se acercaban una a la otra y se agachaban los dos. Luego se alejaban de nuevo y volvían a juntarse. Así tres veces. Después regresaban a la Iglesia.

Unos años más tarde, la Virgen salía en procesión portada por mujeres que también la acompañaban, mientras que el Resucitado lo llevaban y acompañaban los hombres. El recorrido de ambas procesiones es diferente, pero ambos se dirigen hacia el paseo del Cristo. La Virgen entraba por arriba y el Resucitado por abajo del paseo del Cristo y también hacían los tres abrazos.

Jesús Resucitado y Virgen del Rosario de Ribera del Fresno

Estas celebraciones religiosas referidas a la liturgia de Semana Santa se resumen en los siguientes versos:

Jueves Santo murió Cristo,
Viernes santo se enterró,
Sábado Santo resucitó
y el Domingo subió a los cielos.

Por la tarde del domingo de Resurrección se celebraba lo que también se conoce como Domingo de los Bollos. Las familias y los grupos de amigos, muchachos y muchachas jóvenes, salían a comerse el bollo a la era del puente, que era lo más normal y también se paseaba por la carretera hasta la Pesquera. Se salía vestido de paseo, porque era un día especial de fiesta.

El bollo aún se fabrica, pero ya se ha perdido la tradición de ir a comerlo. El bollo estaba hecho con masa de bolla y adornado con un huevo cocido. Ahora se hacen con masa de galleta y se les da con el lustre que se hace con clara de huevo a punto de nieve con azúcar. Por encima se le esparcen grageas de colores.

Bollos y Rosquetes

El domingo siguiente se celebraba el Domingo de la Puebla, ya que era la fiesta de Puebla del Prior. Todo el pueblo iba andando para disfrutar de la fiesta. Los más pudientes iban en mula o en caballo. Se iban después de comer a la Puebla. Por la mañana había misa en la ermita de la Virgen de Botó y algunos ribereños también iban a escuchar misa. Ese domingo también se llevaba un dulce parecido al bollo, pero más sofisticado. Se hacía el lagarto, con forma alargada, una cabeza con ojos y un rabo y sus cuatro patas. Y los rosquetes de fácil confección. Las dulceras más habilidosas confeccionaban los perritos puestos en pie y adornado el cuello con un collar de papel de plata. También se les daba lustre y se le ponían grageas.

El día del Señor se celebraba el jueves por la tarde que correspondía (ahora se pasa al domingo la procesión). El día del Señor o Corpus Cristi es una celebración muy arraigada en todo el territorio español, con procesiones y tradiciones especiales. En la fiesta del Corpus Cristi se celebra la Solemnidad del Cuerpo y la Sangre de Jesús y se celebra sesenta días después del domingo de Resurrección.

Por la tarde salía la procesión con el cura bajo palio y la Custodia. El recorrido era por la calle Hospital y regresaba por la calle Larga. En esta ocasión, por el centro de la calle también procesionan los niños y niñas que ese año han hecho la Primera Comunión, vestidos con sus trajes. A cada trecho, las vecinas preparaban los altares en honor al Señor en los que el cura se detenía para orar. Los altares consistían en una mesa cubierta por un paño bordado donde se colocaban espigas, pan, vino y unos candelabros o velas grandes. El pan y el vino significan el cuerpo y la sangre de Cristo, que es lo que se celebra en la fiesta. Las calles se adornaban con macetas que las vecinas sacaban a la acera. Además, el suelo se cubría de juncias que se recogían en el río. Después de pasar la procesión, los muchachos recogían las juncias y las trenzaban formando los látigos con los que se golpeaban unos a otros en las piernas y en el culo. Por eso, se decía "Eres más grande que el día de las juncias", ya que esta fiesta era considerada muy importante para la Iglesia y se hacía referencia a las juncias como algo típico.

Altar típico del día del Señor

Procesión del Corpus con los niños de comunión y las juncias

Había días señalados en el santoral que se consideraban fiesta, porque no se trabajaba en el pueblo ni salían los mozos de mulas de las casas grandes. Esos días se celebraba misa por la mañana y por la tarde se salía al paseo. Estos días eran los siguientes, aunque ahora ya no se celebran por no ser fiestas laborales:

- El diecinueve de marzo que se celebraba el día de San José.
- El quince de mayor que se celebraba el día de San Isidro.
- El veintinueve de junio que se celebraba San Pedro.
- El veinticinco de julio que se celebraba Santiago.
- El quince de agosto es el día de la Virgen. Ahora también se celebra feria en Ribera en esa fecha, pero entonces no. Se inventó en los años ochenta la fiesta del Emigrante y se puso esta fecha porque coincidía con un día festivo y porque los emigrantes venían al pueblo en agosto.
- El ocho de diciembre se celebraba el día de la Purísima Concepción, el cual todavía se sigue considerando festivo y día no laborable en España.

- El día veinticuatro de junio se celebra San Juan, que en muchos lugares es una noche especial por ser la noche más corta del año (solsticio de verano) celebrándose rituales mágicos con el fuego. En Ribera no se celebraba como fiesta en sí, aunque era muy típico que las muchachas en grupo fueran a las huertas próximas al pueblo para comprar los peros de San Juan la mañana del veinticuatro de junio.

Peros de San Juan

Para las fiestas del Cristo de la Misericordia se hacía una novena en la ermita del Cristo. Era tradicional salir al paseo y lo primero era acercarse a la ermita del Cristo que permanecía abierta e iluminada toda la noche. Se rezaba en el zaguán porque la verja de hierro estaba cerrada y se le echaba una limosna al monaguillo.

La patrona del pueblo fue siempre Santa María de Gracia, a la cual está consagrada la Parroquia. Más recientemente se levantó la Ermita del Cristo con el atrio empedrado alrededor y el paseo arbolado que conducía a ella desde la carretera. Según cuenta una leyenda, por esta zona pasó una carreta de bueyes que transportaban la imagen del Cristo hasta Fuente del Maestre. Al llegar a este lugar, los bueyes se detuvieron y no hubo manera de hacerlos andar de nuevo. Este hecho fue interpretado como que la imagen del Cristo había elegido aquel lugar para quedarse y se decidió construirle una ermita a las afueras del pueblo. Este sería el origen de la ermita y el motivo por el que los ribereños y ribereñas le tienen tanta fe al Cristo y su fiesta principal es en su honor.

Ermita del Cristo y paseo

A primeros de noviembre se celebraba el día de Tosantos el día uno y el día de los Difuntos el día dos. Aunque era una época para recordar a los seres queridos que habían muerto, también eran días de fiesta y regocijo para los jóvenes en la era. La misa de difuntos del día dos se celebraba por la mañana temprano en la Parroquia. Durante todo el día doblaban las campanas, tocadas por los monaguillos en señal de respeto y duelo por los difuntos.

Más tarde, la misa de difuntos del día dos de noviembre se celebraba en el cementerio a las once de la mañana. Se montaba un pequeño altar por delante de la cruz que hay en el pasillo principal y numerosos feligreses, principalmente mujeres acudía a la ceremonia situándose de pie desde el altar hasta la puerta del cementerio.

Por último, el día de Nochebuena se celebraba la Misa del Gallo por la noche como el anuncio del nacimiento de Jesús y al día siguiente se celebraba la misa del día de Pascua.

A misa se acudía con el velo, medias incluso en el verano y mangas largas. Si el vestido era de manga corta, se ponían las mujeres unos mangos encima o una rebeca para tapar los brazos, que no podían exhibir desnudos en el templo. Los hombres no podían llevar gorra ni sombrero a la iglesia porque era una falta de respeto.

A la salida de misa un domingo por la mañana

Las Hijas de María era un grupo de jóvenes regido por las catequistas que organizaban los actos. Para distinguirse del resto, las Hijas de María llevaban al cuello una banda de color celeste con una medalla, que se ponían para las novenas y para la celebración del mes de mayo en honor de la Virgen María. Sobre todo, era para el mes de mayo, que estaba dedicado a la Virgen María, de ahí el nombre. Por las tardes iban a la novena al atardecer, con el toque de oración. Rezaban el rosario, recitaban versos en honor a la Virgen y cantaban canciones marianas. Las mujeres mayores no iban a misa, pero celebraban también el mes de mayo en casa de una vecina, donde se preparaba un altar con la imagen de la Virgen y se rezaba el rosario cada tarde.

En el mes de mayo iban a la Parroquia al anochecer, donde rezaban el rosario, algunas niñas decían versos en honor a la Virgen y cantaban canciones en honor a María. El día treinta de mayo se iba a la iglesia por la mañana y allí se rezaba y se escuchaba una misa como acto final de la celebración de todo el mes. Se hacía un altar con la imagen de la Virgen y se le llevaban flores. La maestra o la catequista le encomendaba, cada día, a una niña recitar unos versos que aprendía de memoria para recitarlos en la iglesia, y también la ayudaba a aprenderlos. Ella nunca dijo un verso, pero se acuerda de uno que dijo su amiga.

El rayo de paloma, Virgen María.
Tu bello contraroma, Virgen María.
El primer rayo que reclamó la reina
en el mes de mayo.

La canción más recordada que se cantaba en honor a María en el mes de mayo era:

Venid y vamos todos
con flores a María,
con flores a porfía
que madre nuestra es.

De nuevo aquí nos tienes,
bellísima doncella
más que la luna bella,
postrados a tus pies.

El día trece se dedicaba a la Virgen de Fátima por ser el día en que se apareció la Virgen a los tres pastorcillos. Se cantaba una canción en su honor que decía así.

El trece de mayo
la virgen María
bajó de los cielos
a Cova de Iría.

Ave, ave, ave María.
Ave, ave, ave María.

A tres pastorcitos
la madre de Dios
descubre el misterio
de su corazón.

Ave, ave, ave María.
Ave, ave, ave María.

El santo rosario
constante rezar
y la paz del mundo
el Señor dará.

Ave, ave, ave María.
Ave, ave, ave María.

Haced penitencia,
haced oración.
por los pecadores
implorad perdón.

Ave, ave, ave María.
Ave, ave, ave María.

Penitencia y oración
a todos nos aconseja
y del hombre los pecados
cesen ya sobre la tierra.

Ave, ave, ave María.
Ave, ave, madre celestial.

En Ribera, la gran devoción siempre ha sido por San Juan Macías. Nació en la localidad en el siglo XVI, viajó a Lima y allí se hizo fraile dominico. Trabajó en el convento como portero y socorrió a muchos pobres dándoles alimento y consuelo. Con su borriquito, iba a casa de los ricos donde le daban limosnas para los pobres. Fue beatificado en 1837 y canonizado, nombrado santo, en 1975.

Hay muchas leyendas sobre el santo y Ribera. Cuentan que quedó huérfano a los cinco años y de niño era muy devoto. Cuidaba una piara de cerdos. Un día se le cayó un guarro pequeño a un pozo y él se encomendó a la Virgen rezando. El agua del pozo comenzó a subir hasta que el cerdo salió a flote y pudo rescatarlo. Este sería su primer milagro.

Sin embargo, la relación con sus paisanos o la vida que llevaba en el pueblo no debía ser buena porque cuando decidió marcharse hay una leyenda negra que dice que al llegar al cerro la Horca se volvió, se quitó las botas y las sacudió diciendo "De Ribera, ni el polvo". A pesar de ello, se le venera con mucha fe. También cuentan que, al pasar por Villafranca, se burlaron de él y entonces cayó una enorme tormenta como castigo, que se le atribuye al santo.

Cuentan también que durante su vida en el convento en Lima hizo algunos prodigios. El primer milagro que se le cuenta fue unos años después de su muerte al sanar a otro fraile de su convento. El milagro principal que le valió su canonización fue el del arroz. Una monja seglar natural de Ribera no tenía arroz suficiente arroz para dar de comer a los pobres y se encomendó al beato Juan Macías, su paisano. Y él le concedió la gracia de que la olla de arroz estuviera siempre llena durante horas y pudieron comer todos.

Placa conmemorativa del milagro del arroz

Hasta su canonización en 1975 se le conoció en Ribera, su pueblo natal, como el beato Juan Macías, y ya desde entonces era muy venerado por todos los ribereños. Fueron muchos los ribereños que se encomendaron a su paisano para pedirle favores, fiándose de su bondad. Se le rezaba para implorar perdón por los pecados cometidos por familiares y así ayudar a su tránsito del purgatorio. Siempre se le representaba con su burrito, fiel compañero con el que salía del convento para pedir para los pobres a los que socorría.

En su honor se cantaba esta canción:
>De Ribera del Fresno la gloria
>que enaltece hoy fiel tu memoria
>con sublime acento de amor.
>Salve oh Juan, paladín triunfador.
>En la orden de Santo Domingo
>que infundió en ti su vida y su aliento
>para ser de la iglesia armamento.
>Salve oh rey esforzado de Cristo.
>Salve Juan Macías glorioso.

En el lugar donde se cayó el cerdo e hizo su primer milagro se levantó un templete sobre el pozo que después se ha mejorado. Es lo que se conoce como El Pozo de San Juan. Son muchas las personas que van al pozo para beber su agua con fe.

Durante los años setenta se publicaba una revista en su nombre, llamada El Borriquito, para recaudar fondos con los que construir el pocito. En Ribera se creó la cofradía de los Hermanos de San Juan Macías que han contribuido a levantar el pozo y potenciar la romería en su honor celebrada en septiembre, ya que murió el 18 de septiembre.

También se le ha construido una ermita en la casa natal en la Calle Larga, gracias también a la iniciativa de la cofradía.

El último día de las Fiestas del Cristo se instauró la costumbre de hacer carrozas e ir el último día, el diecisiete, al pozo de San Juan en romería. La gente iba andando, en bicicleta, en moto, pero lo más divertido era montarse en un remolque porque con los baches se caían unos encima de otros. Se regresaba a casa para comer. Ahora se celebra la romería el domingo después del cristo y dura todo el día, pero se ha perdido la costumbre de hacer carrozas.

Típica estampa de San Juan Macías y el Pozo de San Juan

FELICITACIONES

Para felicitar el cumpleaños de una niña, sobre todo, se le cantaba esta canción:

> Estas son las mañanitas
> que cantaba el rey David.
> Hoy, por ser tu cumpleaños,
> te la cantamos a ti.
> Despierta, niña, despierta,
> mira que ya amaneció,
> ya los pajaritos cantan
> y la luna se escondió.

En una época donde lo único que se tenía para comunicarse con los familiares y amigos era el correo, se pusieron de moda las tarjetas de felicitación. Eran tarjetas con diversos motivos y por detrás se escribía un verso para felicitar a la otra persona, generalmente el día de su santo.

Había varias fórmulas a modo de pequeños poemas que se empleaban como felicitación, aunque ella solo recuerda dos:

La primera felicitación decía así:

> En el día de tu santo
> te quisiera regalar
> un hermoso velo blanco
> y un ramillete de azahar
> y un esposo cariñoso
> que te quiera de verdad.

Otra felicitación muy utilizada era esta:

> Corre, corre, tarjetita
> hasta llegar al correo
> que vas a felicitar
> a una persona que yo quiero.

*Cuando estés en su presencia
le dices con alegría
que lo pase muy feliz
en el santo de su día.*

Dos típicas postales de felicitación para las niñas

Con los años sesenta llegaron las tarjetas de felicitación navideñas. Los niños de la casa se encargaban de comprar un paquete de diez postales y la madre les decía a quién debía mandárselas, casi siempre poniendo el mismo mensaje de Feliz Navidad y Próspero Año Nuevo. Esta costumbre de felicitar con tarjetas navideñas se hizo tan popular que continuamente llegaban a las casas por correo las tarjetas de felicitación de todos los familiares y amigos que estaban fuera. Se ponía especial cuidado en no olvidar a nadie cercano porque eso significaba un desprecio. Ahora ya nadie manda tarjetas de felicitación navideñas y en su lugar se mandan vídeos o fotos alusivas a la Navidad por wasap que es más rápido, pero sigue siendo igual.

Dos postales para felicitar las Pascuas

Casi nadie tenía teléfono en casa, por lo que las comunicaciones se hacían por correo. Se escribían constantemente cartas a los familiares, a los amigos o a los socios de un negocio. En el primer caso eran cartas informales, donde se informaba al pariente de los hechos personales ocurridos desde la última carta y se da respuesta a preguntas o hechos recibidos en la carta del otro. Las cartas formales eran más serias en su contenido y en su estructura.

En las cartas informales, había una fórmula establecida para iniciar la carta y como despedida.

En el comienzo de las cartas se solía escribir: "Querida familia, espero que a la llegada de esta os encontréis bien, nosotros bien gracias a Dios."

Para despedirse se solía indicar lo siguiente: "Y sin más que decirte, se despide de ti tu hermana (o amiga o padre, según el caso) esperando pronto tu respuesta, esta que lo es" y se firmaba la carta.

Sobres de cartas de aquella época con los sellos de Franco

JUEGOS

A esta edad las tareas de la casa ayudando a sus madres, los trabajos para ganar dinero bien sirviendo en las casas de los ricos o cosiendo en los distintos talleres de costura ocupaban la mayor parte del día de las muchachas. Por eso, el tiempo libre para jugar era escaso, aunque siempre lo aprovechaban. Además, ya tenían también edad suficiente como para ir con amigas siempre de paseo. Por tanto, son menos los juegos propios de esta edad. La niñez ha quedado atrás y ellos lo saben porque sus cuerpos han cambiado, porque la manera de tratarlas sus familias y conocidas es diferente, porque los muchachos ya nos son incordios maleducados sino posibles maridos con lo que los miran de otra manera. Van naciendo en ellas otras intenciones, otros intereses, otras perspectivas. Quieren dejar atrás ese mundo de niñas, y para diferenciarse ya no juegan a juegos propios de niñas pequeñas e inmaduras, ni cantan esas canciones tan infantiles.

A pesar de todo lo indicado, de los cambios corporales y mentales, sociales y de intereses, también juegan en las tardes de verano cuando cae el sol, en días de fiesta, cuando tienen ocasión para divertirse. Porque son aún niñas, aunque se consideren mujeres en proyecto, y por eso todavía les gusta jugar, cantar, bailar. La alegría sigue marcando sus vidas, las ganas de reír no desaparecen, aunque tengan que trabajar.

En cuanto a los juegos propios de esta edad son los mismos, pero al tiempo diferentes. Ya no juegan al coro porque son mayores para ello, pero siguen jugando al truque y la rayuela, a juegos de carreras y saltos. Y continúan jugando a saltar a la soga, a la goma y a la pelota. Pero ahora son juegos que necesitan más fuerza, más velocidad, más destreza. A esas modalidades no pueden jugar las niñas, pero sí las más mayores. Por eso, en lugar de jugar con la soga *a pasar la barca juegan al rempujón. Lo mismo ocurre al jugar con la pelota porque los juegos con más complejos, más difíciles.*

1.- Comba.

Los juegos saltando a la comba, a la soga como se decía entonces en Ribera, son de mayor intensidad, con más dificultad, para los que se requiere más fuerza, más velocidad, más destreza. Son, como si dijéramos, juegos de mayores, porque solo con más edad se pueden practicar con eficacia. Con la comba se pueden jugar a varios juegos diferentes.

El primer tipo de juegos, por ser en esencia el más sencillo, es el salto en fila. En este caso, dos muchachas daban a la soga y el resto se coloca en una fila en uno de los lados. Al tiempo que van dando a la soga, una muchacha de la fila entra y salta, para inmediatamente salir. Luego salta otra y así sucesivamente, en orden consecutivo. Al salir del salto, circundan a la otra del extremo y se colocan en fila en el otro lado. Cuando salta la última muchacha, comienza el turno de la primera que está esperando en el otro lado. Por tanto, es una cadena continua de muchachas saltando. El juego continúa hasta que una de ellas no salta bien y se detiene la comba. Entonces, sustituye a una de las que están dando y ésta se incorpora a la fila.

Mientras que las muchachas van saltando las dos que están dando cuentan o cantan.

En la primera opción, van contando los saltos que dan las otras muchachas, con una cadencia tal que cuando la soga golpea el suelo entonces dicen el número. Lo van diciendo así:

    Que una
    Que dos
    Que tres
    Que cuatro
    Que cinco

Saltando a la soga en fila se cantaban estas dos canciones a modo de romance. La primera se conoce como la del capitán sevillano.

Un capitán sevillano
siete hijos le dio Dios
y tuvo la mala suerte
que ninguno fue varón,
Que ninguno fue varón.

La más chiquita de ellas
le cayó una tentación.
- Padre yo me voy al frente
vestidita de varón,
vestidita de varón.

- No te vayas hija mía
que te van a conocer,
con ese pelito largo
y carita de mujer,
y carita de mujer.

- Si tengo el pelito largo
padre córtemelo usted
con una tijera barbera
y un varón pareceré,
y un varón pareceré.

Siete años peleando
y nadie la conoció,
más que el hijo del rey
que con ella se casó,
que con ella se casó.

Otra canción que se cantaba es la de *Yo tengo un carro*.

> Yo tengo un carro
> y una galera,
> y un par de mulas
> cascabeleras.
>
> Las campanillas
> son de oro y plata
> y una morena
> que a mí me mata.
>
> Morena mía,
> ponte a servir
> y lo que ganes
> será pa mí,
> para tabaco,
> para papel
> para cerillas
> para encender.

También se cantaba esta canción corta y burlesca, muy conocida en toda España y muy versionada, sobre todo por sevillanas.

> Me casé con un enano
> solamente por reír.
> Le puse la cama en alto
> y no se podía subir,
> y arañaba como un gato.

Si al entrar en la comba se hacía por el lugar donde la soga caía, se decía que se saltaba del derecho. Esta era la forma más normal de hacerlo, y también la más fácil. También se podía entrar en la soga por el lado contrario, lo cual es más difícil, porque al salir la soga está subiendo por ese lado y es fácil que toque a la muchacha que, para evitarlo, se agachaba un poco.

Saltando a la comba

Otro juego propio de esta edad era meterse en la comba varias muchachas a la vez, poniéndose en hilera y saltando todas a la vez. Las del extremo, las que dan a la soga, van cantando:

Al rempujón,

al rempujón,

se mete una

y salen dos.

Al decir *se mete una*, otra que está esperando entra a saltar y al decir *salen dos*, dos de ellas salen fuera. Con esto, siempre hay muchachas dentro de la comba saltando.

Saltando varias mocitas a la soga

Es difícil saltar todas a la vez y alguna de ellas lo hace a destiempo y pisa la soga. Entonces se detiene el juego y la que ha fallado en el salto sustituye a una de las que dan la soga.

Estos otros juegos solo los podían hacer algunas muchachas, las más aventajadas, las que saltaban con mayor rapidez, porque son muy difíciles. No era normal jugar a estas modalidades de saltar a la soga y solo se realizaba algunas veces y siempre para lucirse la que sabía hacerlo.

El primer juego era saltar muy rápido porque se le daba a la soga muy rápido y fuerte. Para lo cual se colocaban muy cerca una de otra, como a un metro, dejando el espacio justo para que se colocara entre ellas la saltadora. Entonces comenzaban a dar a la soga despacio, pero enseguida aumentaban la velocidad y fuerza con lo que la saltadora tenía que saltar muy rápido. Había dos maneras de realizar este juego según lo que se cantara por parte de las dos que dan la soga. Se podía jugar a fuerte, fuerte o a tocino.

En el primer caso se decía.

Una, dos, tres.

Fuerte, fuerte, fuerte, fuerte ...

Al principio se da despacio y cuando se dice fuerte comienzan a dar deprisa. Se dice repetidamente fuerte hasta que la saltadora falla y se detiene la soga.

En el segundo caso se decía:

Pan, vino y tocino.

Estas serían las veces de preparación y al decir tocino comienzan a dar fuerte a la soga hasta que la saltadora falle.

El otro juego de destreza era saltar con dos sogas, que se dan con las dos manos por cada muchacha. Si es difícil saltar las dos, también es difícil darlas, por lo que este tipo de juego solo se podía hacer si había muchachas que supieran dar dos sogas a la vez y que una supiera saltarlas. Pueden tener dos sogas cortas o bien una larga que se dobla por la mitad. Para jugar a esta modalidad, tienen que subir mucho las cuerdas para que le de tiempo a la saltadora de recuperarse en cada salto, por lo que las sogas no pueden ser muy largas. Alternativamente va subiendo una soga mientras baja la otra y la saltadora tiene que saltar a gran ritmo para no cortar la soga.

Saltando con dos sogas

Por último, vamos de describir un juego con la goma diferente. En este caso, una niña coge la soga por un extremo y la hace girar a escasa altura del suelo con fuerza y velocidad. Las otras muchachas se disponen alrededor de ella, en círculo. Al llegar la soga a su altura, saltan para que la soga pase por ella. Cuando una muchacha no salta a tiempo y se detiene la soga, entonces sustituye a la que se encuentra en el centro y pasa a dar a la soga. Como la soga gira alrededor de un centro como las agujas del reloj, a este juego se le llama El reloj. En otras ocasiones también se le denomina el látigo o la culebrilla cuando en lugar de hacerlo girar rápidamente y tenso se hace girar, pero ondulando, como si fuera un látigo o una serpiente. La velocidad de giro puede diferir según los casos, pudiendo moverse despacio o muy deprisa para los mayores.

El reloj, juego con la comba

2.- La goma.

Este juego consiste en saltar sobre una goma elástica que está anudada con un nudo. Dos niñas hacen de postes o se quedan y se colocan la goma alrededor de los pies para formar un rectángulo, que puede ser más ancho o más estrecho según cuanto separen los pies. Para saltar a la goma puede haber una jugadora o varias. También se pueden quedar tres niñas y entonces forman un triángulo con la goma, pero en este caso solo pasa la goma por un pie. Para determinar las niñas que se quedan se echaba a suertes.

Existen dos modalidades básicas para jugar al elástico: las alturas y las posiciones.

En los saltos de altura, las jugadoras se disponen en fila frente a la goma. Cada jugadora salta para colocarse dentro de las dos gomas y luego vuelve a saltar para salir fuera por el otro lado. Las demás jugadoras siguen el turno y van saltando. Si todas han saltado, las que hacen de postes suben un poco la goma y tienen que repetir los saltos. Si una niña no consigue saltar a una determinada altura no puede seguir jugando y ha quedado eliminada del juego.

Al final gana la niña que consiga saltar más alto. Las posiciones en que se colocaban la goma eran: tobillos, pantorrillas, rodillas, muslos, caderas, pecho, axilas, cuello y, a veces, incluso se levantaban los dos brazos y se subía al codo y la muñeca. Cuando termina el juego se vuelve a echar a suertes para determinar quién se queda y el orden de participación en los saltos.

Jugando a saltar la goma por alturas

En el caso de las posiciones, una niña ejecutaba una coreografía saltando de distintas maneras con las dos gomas. Se podían hacer muchas y diversas combinaciones, pero las más básicas eran pisando con los dos pies la primera goma, luego también con los dos pies la segunda goma, entrar dentro de las gomas con los pies juntos, salir de la goma con los pies juntos, pisar con los dos pies las dos gomas quedando enfrente de una niña y luego saltar para caer igual, pero mirando a la otra, poner los dos pies fuera y dejar la goma dentro, colocar los pies dejando una goma en medio y luego saltar para dejar la otra.

El juego consistía, por tanto, en realizar por orden preciso estas posiciones. Si las ejecutaba correctamente a una altura, se subía la goma más arriba y así sucesivamente hasta el final. Si se fallaba en uno de los saltos, entonces perdía el turno y le tocaba a la siguiente. Y así sucesivamente hasta que todas las participantes hayan saltado. Cuando retome su turno una jugadora seguirá por donde iba hasta completar todo el juego.

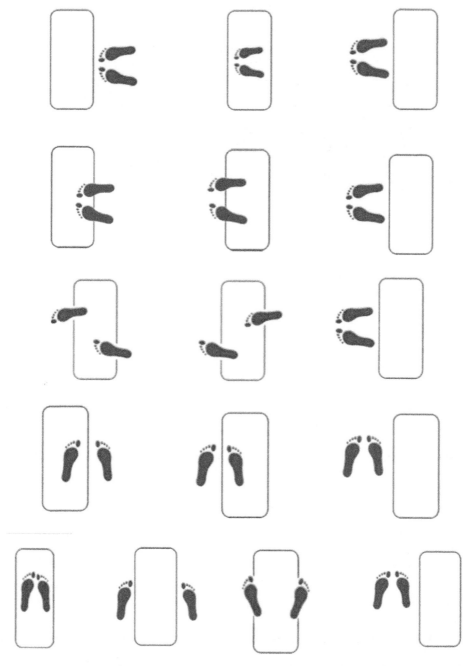

Diferentes posiciones saltando a la goma

En los años setenta se jugaba a hacer coreografías con estas posiciones y otras como cruzar las gomas al tiempo que se cantaba una canción breve. Cada canción tenía su propio baile. Como son juegos y canciones más modernas, muchas haciendo referencia a programas de televisión y ella no jugó a estos juegos no los ponemos aquí, pero seguro que mucha gente los recuerda.

Jugando a las coreografías con la goma

El triángulo era semejante a las posiciones. Pero se hacían rondas tanto de posiciones como de alturas. Así, primero saltaban para dejar el elástico entre las piernas hasta completar los tres lados, y luego lo hacían las demás. Si una fallaba estaba eliminada. Luego saltaban pisando la goma con los dos pies, bien separados o a pies juntillas que era más difícil. Después, pisando la goma de espaldas. Cuando se completaban todas las posiciones se subía la altura, con lo que aumentaba la dificultad para ejecutar los saltos.

3.- El juego de los hilos, de las cunitas o de la cuna del gato.

Es un juego muy antiguo que se practica en muchas culturas. Se juega con un mínimo de dos personas y consiste en crear distintas formas entre los dedos de las dos manos con un cordón anudado.

La "cuna de gato" es un juego simple de secuencia que se realiza con un trozo de cuerda enlazado.

Para jugar solo se necesita una cuerda delgada o un hilo fuerte con una longitud superior al metro (1,20 está bien) para que las figuras se formen bien y el compañero pueda entrar sus dedos entre tus manos.

Primero se decide qué jugador iniciará el juego. Esta persona retorcerá la cuerda para hacer la cuna de gato, la cual es la formación inicial del juego. Después de hacer esta figura, transfiere la cuerda a los dedos del otro jugador que realiza otra figura con los hilos y la sostiene entre sus dedos. El juego continuará de esta manera hasta que se pierda alguna de las figuras. El objetivo del juego es llegar a la última figura sin cometer un error.

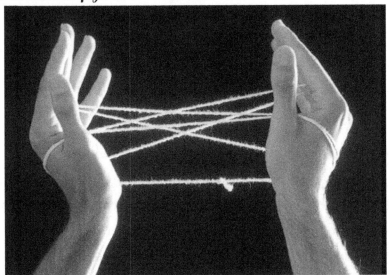

Jugando con una cuerda a hacer figuras

Comienza el juego una sola persona, quien, con los codos flexionados y tensando la cuerda alrededor de sus manos extendidas y las palmas una frente a otra, procede a ejecutar la primera figura. La cuerda rodea sólo cuatro dedos, ya que el pulgar queda liberado. Introduce después la mano derecha en el centro del rectángulo formado, por su parte exterior, de abajo hacia arriba y por el lado más próximo al cuerpo. Repite el mismo movimiento con la otra mano. Tensa la cuerda de nuevo y ésta rodea así cada mano en su totalidad. Después el dedo índice de una de las manos se introduce entre la mano y la cuerda que bordea la mano contraria y se tira de la cuerda llevando el dedo a su posición. Se realiza lo mismo con la otra mano. La figura resultante semeja una cuna, boca abajo.

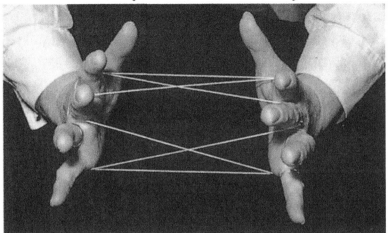

La cuna, primera figura del juego

Tras haber hecho la cuna, un segundo jugador mete los dedos índice y pulgar de cada mano en las cruces de San Andrés o aspas de la cuna y tras pasarlos por debajo de las cuerdas inferiores, de abajo hacia arriba, los estira, formándose así «la parrilla» o «muelle de cama».

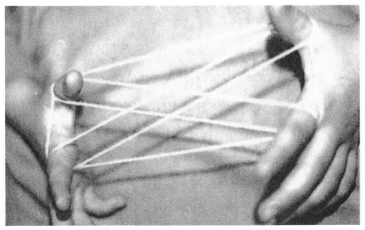

La parrilla, segunda posición

Después se hace la transición hacia la figura de las "velas". Pellizca las X en el lugar donde se crucen longitudinalmente, con los dedos orientados frente a las manos del otro jugador. Luego, lleva estas "X" alrededor de la parte exterior de la figura y hacia arriba a través del centro.

A medida que tu compañero quita las manos, tira de la cuerda tensa y extiende el pulgar y el índice para formar velas, la cual es la siguiente figura. La figura de las velas es reconocible por el patrón interno de líneas paralelas.

Esta es una figura de transición muy útil, ya que te da la libertad de avanzar o retroceder en la secuencia porque podemos volver a la cuna inicial.

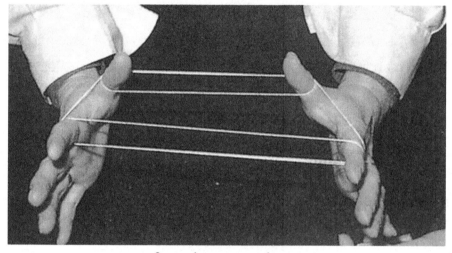

Las velas, tercera figura

La siguiente figura se obtiene cogiendo las cruces de la parrilla y haciendo el movimiento descrito anteriormente para conseguir la vela, se obtiene en este caso una figura diferente que recuerda un sobre de carta visto por detrás. Sucede así debido a que los dedos están en posición hacia abajo.

Como puede apreciarse, desde la parrilla podemos hacer la vela o el sobre. Desde el sobre podemos proseguir, pero no desde la vela, por lo que se vuelve a la parrilla.

El sobre, obtenido a partir de la parrilla

Después, uno de los participantes agarra con los índices y pulgares las intersecciones contiguas a los vértices obtusos del rombo central, y mete los dedos hacia abajo para sacarlos hacia arriba por el centro del rombo, y al tensarse la cuerda se forma «la telaraña».

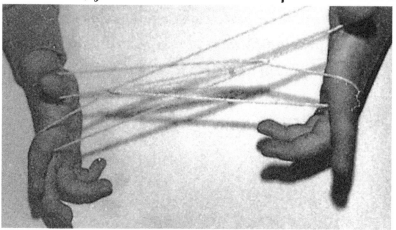
La telaraña, siguiente figura después del sobre

A partir de la telaraña se obtiene «el nido». Se cogen los hilos centrales paralelos con los dedos meñiques cruzados para que cada uno de ellos sujete el hilo opuesto. Se introducen los dedos pulgar e índice en las dos intersecciones centrales dirigiéndolos de arriba abajo y girándolos después hacia arriba se tensan los hilos.

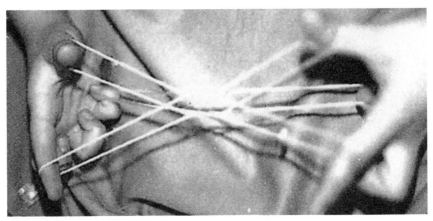
El nido, siguiente figura

Conseguido el nido, los hilos se empiezan a enroscar y las representaciones y figuras obtenidas se van repitiendo. Por ejemplo, se vuelve a la figura de las velas introduciendo los dedos pulgar e índice por las intersecciones laterales del nido, girando hacia arriba los dedos y sacándolos por el centro de la figura. De ella se pasa a la parrilla y se vuelve a comenzar las figuras.

Con el tiempo, se ha perfeccionado este juego y se han inventado muchas más figuras diferentes, tanto para una sola persona o mediante la participación al mismo tiempo de varias personas.

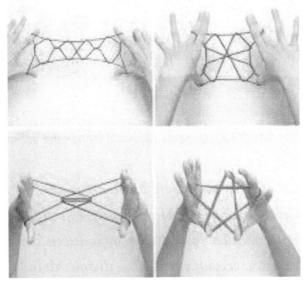
Otras figuras con los hilos

4.- A la pelota.

El juego más sencillo con las pelotas de goma era lanzarlas contra la pared y recogerlas. Se jugaba con dos pelotas o tres, que era más difícil. Se contaba las veces que se recogían las pelotas y el juego se detenía cuando una de las pelotas caía al suelo. Entonces era el turno de otra jugadora que intentaba llegar más lejos que las demás. Ganaba el juego quien más veces golpeara la pelota y la recogiera.

Juego sencillo de lanzar la pelota a la pared

Más tarde aparecieron otros juegos de pelota en los que se cantaba una canción al tiempo que la jugadora iba gesticulando con sus manos, tocándose partes del cuerpo, saltaba, da la vuelta o cualquier otra cosa. Estos juegos son más modernos y ella no los jugó nunca por lo que no se acuerda ni de cómo se jugaba ni de las canciones.

5.- Los reyes y las reinas.

A este juego se jugaba poco porque era más bien aburrido. Consistía en que una de las muchachas hacía de madre y las demás se dividían en dos grupos, que se colocaban uno frente a otro. Un grupo era el de los reyes y el otro el de las reinas. En este último siempre había una de más. La madre ponía nombre a los reyes y a las reinas. Y comenzaba el juego. La madre decía, por ejemplo: "Que Napoleón vaya a por Josefina", y entonces, quien era Napoleón se acercaba a las reinas y elegía a una de las niñas. Si acertaba y la elegida era Josefina se tomaban de la mano y salían fuera, quedando así cada vez menos parejas disponibles. Si no había elegido bien, la niña se volvía de espaldas y le decía "Culo cazón", para indicar que lo rechazaba, y volvía entonces el rey a su posición hasta que le tocara otra vez probar suerte. Lo más difícil era acertar con las primeras reinas porque había más posibilidades, pero al ir quedando menos ya era más fácil emparejarse. Cuando todas las parejas estaban formadas, quedaba una reina sin rey y las demás la rodeaban cantándole "Solterona, solterona, solterona".

CANCIONES

Con esta edad, las muchachas cantaban canciones más largas, más complejas, más difíciles. Solían cantarlas en grupos cuando se juntaban y en fiestas de campo como los compadres.

Estas canciones son muy antiguas, del siglo anterior y tienen por ello su valor, siendo muy conocidas en toda España.

1.- Alfonso XII.

Dónde vas Alfonso XII
dónde vas triste de ti.
Voy en busca de Mercedes
que ayer tarde no la vi

Nosotros sí la hemos visto
ir y venir por el jardín
dando brazo a una duquesa
más bonita que un jazmín.

Merceditas ya se ha muerto
ya la llevan a enterrar.
Cuatro duques la llevaban
por la calle de Alcalá.

2.- Quisiera ser tan alta.

Quisiera ser tan alta como la luna,
¡ay! ¡ay!,
como la luna, como la luna,
para ver los soldados de Cataluña,
¡ay! ¡ay!,
de Cataluña, de Cataluña.

De Cataluña vengo de servir al Rey
¡ay! ¡ay!,
de servir al Rey, de servir al Rey,
y traigo la licencia de mi coronel,
¡ay! ¡ay!,
de mi coronel, de mi coronel.

Al pasar por el puente de Santa Clara,
¡ay! ¡ay!,
de Santa Clara, de Santa Clara.
Se me cayó el anillo dentro del agua,
¡ay! ¡ay!,
dentro del agua, dentro del agua.

Al sacar el anillo saqué un tesoro,
¡ay! ¡ay!,
saqué un tesoro, saqué un tesoro:
Una Virgen de plata y un Cristo de oro,
¡ay! ¡ay!,
y un Cristo de oro, y un Cristo de oro.

3.- *Qué hermoso pelo tienes.*
Qué hermoso pelo negro,
¡Viva el amor!
Qué hermoso pelo negro,
¡Viva el amor!
¿Quién se lo peinará?
¡Viva la rosa del rosal!

Se lo peina su madre,
¡Viva el amor!

Se lo peina su madre,
¡Viva el amor!
Con peines de cristal
¡Viva la rosa del rosal!

4.- Mambrú se fue a la guerra.

Mambrú se fue a la guerra,
que dolor, que dolor, que pena,
Mambrú se fue a la guerra,
no sé cuándo vendrá.
Do-re-mi, do-re-fa.
No sé cuándo vendrá.

Si vendrá por la Pascua,
mire usted, mire usted, qué gracia,
si vendrá por la Pascua
o por la Trinidad.
Do-re-mi, do-re-fa.
O por la Trinidad.

La Trinidad se pasa,
mire usted, mire usted, qué guasa,
la Trinidad se pasa,
Mambrú no viene ya,
Do-re-mi, do-re-fa.
Mambrú no viene ya.

Por allí viene un paje,
¡qué dolor, qué dolor, qué traje!
por allí viene un paje,
¿qué noticias traerá?

Do-re-mi, do-re-fa.
¿Qué noticias traerá?

Las noticias que traigo,
¡del dolor, del dolor me caigo!
las noticias que traigo
son tristes de contar,
Do-re-mi, do-re-fa.
Son tristes de contar.

Que Mambrú ya se ha muerto,
¡qué dolor, qué dolor, qué entuerto!,
que Mambrú ya se ha muerto,
lo llevan a enterrar.
Do-re-mi, do-re-fa.
Lo llevan a enterrar.

En caja de terciopelo,
¡qué dolor, qué dolor, qué duelo!,
en caja de terciopelo,
y tapa de cristal.
Do-re-mi, do-re-fa.
Y tapa de cristal.

Y detrás de la tumba,
¡qué dolor, qué dolor, qué turba!,
y detrás de la tumba,
tres pajaritos van.
Do-re-mi, do-re-fa.
Tres pajaritos van.

Cantando el pío-pío,
¡qué dolor, qué dolor, qué trío!,
cantando el pío-pío,
cantando el pío-pá.
Do-re-mi, do-re-fa
Cantando el pío-pá

5.- Vamos a contar mentiras.

Ahora que vamos despacio,
vamos a contar mentiras, tralará,
vamos a contar mentiras.

Por el mar corren las liebres,
por el monte las sardinas, tralará,
por el monte las sardinas.

Al salir del campamento,
con hambre de seis semanas, tralará,
con hambre de seis semanas.

Encontramos un ciruelo,
cargadito de manzanas, tralará,
cargadito de manzanas.

Fuimos a tirarle piedras,
y cayeron avellanas, tralará,
y cayeron avellanas.

Al ruido de las nueces,
salió el amo del peral, tralará,
salió el amo del peral.

*Niños no tirarle piedras
que no es mío el melonar, tralará,
que no es mío el melonar.*

*Que es de una pobre señora
que me lo mandó cuidar, tralará,
que me lo mandó cuidar.*

VILLANCICOS

Los villancicos que recuerda son populares y tradicionales, muy conocidos:

1.- La Marimorena.

> Esta noche es Nochebuena
> y mañana Navidad,
> saca la bota maría
> que me voy a emborrachar.
>
> Ande, ande, ande,
> la Marimorena.
> Ande, ande, ande
> que es la Nochebuena.
>
> En Nochebuena nace el niño.
> Es mentira que no nace.
> Eso es una ceremonia
> que por el mundo se hace.
>
> Ande, ande, ande,
> la Marimorena.
> Ande, ande, ande
> que es la Nochebuena.
>
> En el portal de Belén
> hay estrellas, sol y luna:
> la Virgen y San José
> y el niño que está en la cuna.

Ande, ande, ande,
la Marimorena.
Ande, ande, ande
que es la Nochebuena.

En el portal de Belén
han entrado los ratones
y al pobre de San José
le han roído los calzones.

Ande, ande, ande,
la Marimorena.
Ande, ande, ande
que es la Nochebuena.

En el portal de Belén
hay un viejo haciendo migas,
se le cayó la sartén
y se quemó la barriga.

Ande, ande, ande,
la Marimorena.
Ande, ande, ande,
que es la nochebuena.

En el portal de Belén
hay un viejo haciendo sopas,
se le cayó la sartén
y se quemó las pelotas.

Ande, ande, ande,
la Marimorena.
Ande, ande, ande
que es la Nochebuena.

En el portal de Belén
hacen fuego unos pastores,
para calentar al Niño,
que ha nacido entre las flores.

Ande, ande, ande,
la Marimorena.
Ande, ande, ande
que es la Nochebuena.

2.- Pastores venid.
San José al niño Jesús
un beso le dio en la cara
y el niño Jesús le dijo
"que me pinchas con la barba".

Pastores venid,
pastores llegad,
a adorar al niño
a adorar al niño
que ha nacido ya.

Oiga usted señor José,
no le arrime usted la cara
que se va asustar el niño
con esas barbas tan largas.

Pastores venid,
pastores llegad,
a adorar al niño
a adorar al niño
que ha nacido ya.

3.- Campanas de Belén.
Campana sobre campana
y sobre campana una,
asómate a la ventana
verás al niño en la cuna.

Belén, campanas de Belén,
que los ángeles tocan
y piden nuestro bien.

Recogido tu rebaño,
adónde vas pastorcillo,
voy al portal de Belén
porque el niño ya ha nacido.

Belén, campanas de Belén,
que los ángeles tocan
y piden nuestro bien.

4.- Resuenen con alegría.
Dime niño de quién eres
todo vestido de blanco.
Soy de la virgen María
y del espíritu santo.

*Resuenen con alegría
los cánticos de mi tierra
y viva el niño de Dios
que nació en la Nochebuena.*

*La Nochebuena se viene,
la Nochebuena se va,
y nosotros nos iremos
y no volveremos más.*

*Resuenen con alegría
los cánticos de mi tierra
y viva el niño de Dios
que nació en la Nochebuena.*

5.- Dale a la zambomba.

*Me he comprado una zambomba,
un pandero y un tambor
y pa completar la orquesta
los cacharros del fogón.*

*Coge tú las tapaderas,
que no hay que dejar dormir
ni al de arriba ni al de abajo,
ni a nadie que viva aquí.*

*Canta, ríe bebe,
que hoy es Nochebuena
y en estos momentos
no hay que tener pena.*

Dale a la zambomba,
dale al almirez
y dale a tu suegra
la murga después.

Esta noche todo el mundo
está mucho más contento.
Después de la buena cena,
no se para ni un momento.

Hasta mañana temprano
no me tengo que acostar
pues esta noche me ha dado
por bailar y por cantar.

Canta, ríe bebe,
que hoy es Nochebuena
y en estos momentos
no hay que tener pena.

Dale a la zambomba,
dale al violín,
dale a la cabeza
y canta feliz.

6.- Ya vienen los Reyes Magos.
Ya vienen los Reyes Magos,
ya vienen los Reyes Magos,
caminito de Belén.
Olé, ole Holanda y olé,
Holanda ya se fue.

Cargaditos de juguetes.
cargaditos de juguetes
para el niño de Belén.
Olé, olé Holanda y olé,
Holanda ya se ve.

7.- Rin, rin.

Hacia Belén va una burra, rin, rin,
yo me remendaba, yo me remendé,
yo me eché un remiendo, yo me lo quité,
cargada de chocolate.

Lleva en su chocolatera rin, rin,
yo me remendaba, yo me remendé
yo me eché un remiendo, yo me lo quité,
su molinillo y su anafre.

María, María, ven acá corriendo,
que el chocolatito se lo están comiendo.
María, María, ven acá volando
que el chocolatito se lo están llevando.

8.- Los peces en el río.

La Virgen se está peinando
entre cortina y cortina,
los cabellos son de oro
y el peine de plata fina.

Pero mira cómo beben
los peces en el río,
pero mira cómo beben

por ver al Dios nacido.
Beben y beben
y vuelven a beber
los peces en el río
por ver a Dios nacer.

La Virgen lava pañales
y los tiende en el romero,
el niño la está mirando
y el romero floreciendo.

Pero mira cómo beben
los peces en el río,
pero mira cómo beben
por ver al Dios nacido.
Beben y beben
y vuelven a beber
los peces en el río
por ver a Dios nacer.

La Virgen está lavando
con un poquito jabón,
se le picaron las manos,
manos de mi corazón.

Pero mira cómo beben
los peces en el río,
pero mira cómo beben
por ver a Dios nacido.
Beben y beben
y vuelven a beber,

los peces en el río
por ver a Dios nacer.

En el portal de Belén
ha nacido un Manolito,
siete veces más bonito
que Juanito el de Isabel.

Pero mira cómo beben
los peces en el río,
pero mira cómo beben
por ver al Dios nacido.
Beben y beben
y vuelven a beber
los peces en el río
por ver a Dios nacer

La virgen va caminando
por una montaña oscura.
al ruido de las perdices
se le ha espantado la mula.

Pero mira cómo beben
los peces en el río,
pero mira cómo beben
por ver al Dios nacido.
Beben y beben
y vuelven a beber
los peces en el río
por ver a Dios nacer

9.- A Belén.

A Belén, pastores.
A Belén, chiquitos,
que ha nacido el rey
de los angelitos.

La Virgen lavaba,
San José tendía
y el niño lloraba
del frío que hacía.

10.- Romance de la Virgen y el niño.

La Virgen va caminando
camino para Belén.
Como el camino es tan largo
pidió el niño de beber.
No pidas agua mi vida,
no pidas agua mi bien,
que están los arroyos turbios
y no se pueden beber.
Allá arriba, arribita,
hay un verde naranjel
y el que lo guarda es un ciego,
un ciego que nada ve.
- Ciego deme una naranja
para este niño beber.
- Coja usted gran señora
las que sean menester.
La Virgen como es tan corta
nada más que cogió tres.
Una le ha dado al niño,
otra le dio a San José

y otra se quedó con ella
para el niño entretener.
Al volver las espaldas,
el ciego que empezó a ver.
- ¿Quién es esta gran señora
que me ha hecho tanto bien?
Será la Virgen María
y su esposo san José.
Pasaron más adelante
y a un labrador que vieron.
Le ha preguntado María,
"Labrador qué estás haciendo".
El labrador le dice:
"Señora estoy sembrando
un poco de piedra
para otro año."
San José le concedió
que piedras estuviera sembrando
y una grandísima sierra
se le volvieron sus campos.
Pararon más adelante
y a otro labrador que vieron.
Le ha preguntado María
"Labrador qué estás haciendo".
"Sembrando un poco de trigo,
Señora, para otro año."
Y san José la concedió
que trigo estuviera sembrando.
"Pues ven mañana a segarlo
sin ninguna detención,
que eso te lo doy a ti

por ser un buen labrador.
Si acaso vinieran
por mí preguntando,
pues tú dirías entonces
los vi estando sembrando."

El acompañamiento musical de los villancicos en el pueblo se hacía con instrumentos sencillos, como las panderetas, los cascabeles, la botella de anís y una cuchar, el almirez y la zambomba que se hacían con la vejiga del cerdo.

Pandereta

Cascabeles

Zambomba

Almirez

Niños tocando la zambomba

Los villancicos se cantaban en las reuniones de jóvenes después de la cena de Nochebuena, que se juntaban para cantar y divertirse en casa de alguno de los amigos. En general, estas reuniones las hacían parejas de novios que eran amigos. Allí bebían vino los muchachos y sangría, un poco de anís dulce. También comían algo como sopas de harina y dulces caseros. Además de villancicos los jóvenes cantaban otras canciones de otras temáticas y así pasaban una noche agradable. Se contaban chistes, chascarrillos y bromas que los hacían reír. Como la reunión era en casa de una vecina, estaban hasta la madrugada, sin prisas y sin hora de llegada, algo raro en aquella época. Ella nunca tuvo una reunión de Nochebuena, pero acompañaba un rato a su hermana mayor y por eso se acuerda de las canciones y de lo que hacían.

En Ribera nunca ha habido tradición de ir los niños por las casas pidiendo el aguinaldo, como sucede en muchos otros lugares. Llevaban panderetas, carracas y zambombas. Se cantaban canciones para pedir el aguinaldo y los dueños de la casa les daban alguna moneda, un trozo de turrón o un polvorón. Entonces el grupo de muchachos y muchachas les cantaba un villancico para agradecérselo.

Aunque aquí no se cantaba, como es una tradición muy popular, vamos a poner la canción más conocida para pedir el aguinaldo:

> Dame el aguinaldo,
> carita de rosa,
> que no tienes cara
> de ser tan roñosa.
> Y si me lo das,
> y si me lo das,
> pasarás las fiestas
> con felicidad.

JUEGOS DE NIÑOS

Los niños tenían menor variedad de juegos y todos ellos suponían retos de fuerza, de velocidad, de precisión, por lo que solían ser los más fuertes, altos y atrevidos los que ganaban en estas competiciones. Siempre había uno en el grupo que era el mejor en tirar con el tirachinas, lanzando piedras más lejos o acertando a un objeto, el que más corría, el que siempre ganaba en los juegos de fuerza, el que ganaba en las peleas, el que salvaba a los compañeros, el que más saltaba o el que mejor jugaba al fútbol. Era el líder, la figura destacada del grupo, el admirado y el escuchado cuando hablaba, el que solía proponer los juegos sin imponer su voluntad, por su carisma, el que todos aceptaban como el jefe sin discutir apenas sus decisiones ni sus propuestas.

En algunos casos, había dos muchachos de parecidas características, para los cuales cada juego se convertía en una auténtica competición por ganar, por ser el mejor, por superar al otro. Había rencillas entre ellos, y el grupo se dividía en dos con amigos que seguían y defendían a uno o a otro.

El mundo de los muchachos era complejo, con su jerarquía en el grupo, con sus líderes naturales y los que intentaban por todos los medios descollar, los que tenían actitudes positivas y los que influían negativamente en otros muchachos a los que tenían sometidos para que hicieran su voluntad, realizaran pequeñas fechorías, de los que se burlaban y a los que trataban con desprecio y despotismo. Era un micromundo que reflejaba el estamento de los adultos, donde cada cual tenía asignado su papel, que permanecía inalterado durante toda su vida, ya que el mismo grupo de muchachos crecía y se hacían hombres en el pueblo, conociéndose siempre. Los vínculos y roles que se adquirían en la niñez permanecían inalterados para siempre.

Los muchachos pasaban mucho tiempo en el campo, en las eras, en el río, en los alrededores del pueblo donde buscaban entretenimiento y diversión de diversas maneras, sin ser en sí un juego premeditado con reglas y normas, sin una estructura determinada, pero que servía para mostrar las habilidades de cada uno, la fidelidad al jefe, determinar su posición dentro del grupo y crear vínculos y jerarquías entre los integrantes del grupo.

Grupo de niños

Los muchachos no tenían canciones que acompañaban a los juegos, como se ha visto en el caso de las niñas. A algunos juegos de los niños también jugaban las niñas, pero siempre a los que presentaban menor brusquedad o violencia. Además, había cosas de niños que estaban mal vistas si las hacían las niñas como jugar a la billarda, con el tirador, tirar piedras y otros más que se suponía eran demasiados masculinos. Por supuesto, los niños no se atrevían a jugar a los juegos de las niñas y mucho menos a cantar las canciones.

De entre los juegos que se han visto para las niñas, también jugaban los niños al escondite, con las mismas reglas, a veces al pollito inglés en el caso de niños pequeños, a cogerse y atraparse y poco más.

Los muchachos apenas necesitaban objetos para jugar ya que solían ser juegos de carreras, de fuerza, de saltos o de habilidad. Se jugaba con cosas cotidianas, como una rueda vieja, con una navaja, con un hierro, con un palo y los juguetes más elaborados que utilizaban para jugar eran el repión, el aro y el balón.

Los típicos juegos de los niños de aquellos años en un pueblo eran los siguientes:

1.- Echar a suertes.

Para determinar quién debe quedarse primero en un juego se echaba a suertes, usando procedimientos muy básicos, como sacar la pajita más corta, echarlo a pares o nones o a cara o cruz en una competición donde se iban eliminando jugadores del grupo cuando acertaban, ya que estaban salvados. El último en no acertar se quedaba en el juego.

Para formar equipos se echaba a pies con el método de "monta y cabe". Los niños tenían un procedimiento semejante al de monta y cabe. En ese caso se colocaban a una gran distancia uno de otro, cincuenta o cien metros. Primero avanzaba uno y después el otro colocando un pie tras otro, pudiendo también poner medio pie o el pie atravesado. Cuando uno montaba su pie sobre el del otro, había ganado y comenzaba a elegir integrantes de su equipo. Mientras andaban iban recitando la siguiente retahíla:

> Eché la gorra
> en un barbecho,
> la eché,
> pero no la encontré.
> Una, dos y tres.

2.- Juegos en el campo.

Una gran parte del tiempo de ocio de los muchachos se desarrollaba en el campo, en los olivares, en las eras, en las alamedas del río, en las orillas del río. Allí jugaban a competiciones diversas de tal modo que se medía el valor, la fuerza, la destreza, la osadía, la valentía, el coraje, la puntería. Aquellos muchachos que no se atrevían a realizar algunas de estas acciones o las hacían mal eran considerados débiles, mariquitas, cobardes y solían ser objeto de burlas por parte del grupo, quedando relegados a las últimas posiciones del grupo en cuanto a escalafón.

Normalmente, estos muchachos aceptaban su papel de continuo perdedor, de poco aventajado, de poco valeroso, de miedoso, pero en otras ocasiones en estos muchachos el desprecio continuo y las burlas constantes hacían mella y se convertían en resentidos con una actitud depresiva y con escasa personalidad que le acompañaba durante toda la vida.

Por tanto, los juegos de la infancia, su papel para determinar una escala social y la valoración pública de las aptitudes de cada uno, tenían gran importancia en el desarrollo posterior del adolescente y en la vida del adulto.

Una de las destrezas que se practicaban con frecuencia era la capacidad para subirse a los árboles, bien por puro entretenimiento para llegar a las ramas más altas o bien para coger nidos en primavera, una afición gratificante para los muchachos pero que les reportaba en sí pocos beneficios y el perjuicio para los pobres pajarillos. En ocasiones, los cuidaban bien en jaulas y salían adelante, pero normalmente morían al ser pequeños y precisar de los cuidados de sus padres. Por eso, una de las maldiciones que se echaban en el pueblo era:

Pájaro seas
y en manos de niño te veas.

Otras veces se retaban a tirarse desde lo alto de una tapia, de una rama, de una orilla a otra del río o aprovechando cualquier otro lugar más o menos peligroso. Para darse ánimos, recitaban antes de saltar una jaculatoria y luego se santiguaban:

La Virgen saltó
y no se mató.
Yo saltaré
y no me mataré.

En el río pasaban muchas tardes, principalmente de primavera, jugando en sus orillas. A veces tan solo paseaban río arriba o río abajo, intentando cazar galápagos o ranas. En otras ocasiones se jugaba a saltar el río de una orilla a otra. Para ello se cortaban cañas de los cañaverales, que debían ser gordas y fuertes, pero verdes y flexibles. Entonces, se tomaba impulso desde una orilla, se hincaba en el fondo del río la caña y se saltaba a la otra orilla utilizando la caña como una pértiga. Se hacía por turnos y se solía comenzar por tramos cortos, aumentando la distancia en cada salto. Inevitablemente, cuando la distancia entre las dos orillas era muy grande, alguno no llegaba a la orilla contraria y caía al agua, provocando la risa de los demás. Lo más gracioso era cuando la caña se rompía mientras el muchacho estaba en pleno salto y caía estrepitosamente al agua. Cuando un muchacho caía al agua se decía que había "champado".

También era común jugar a tirar piedras en un espacio abierto como una era. En algunas ocasiones se trataba simplemente de lanzar la piedra lo más lejos posible, para lo cual se marcaba una línea en el suelo como límite para el lanzamiento y ganaba quien hubiera lanzado más lejos la piedra. Había otra modalidad de lanzamiento de piedras que consistía en tirarla de tal manera que fuera rebotando contra el suelo, ganando el juego aquel que hiciera saltar la piedra más veces. Otras veces se colocaba una botella, una lata o cualquier objeto en un lugar relativamente alto y el juego consistía en lanzarle piedras hasta hacerlo caer, un juego de tiro al blanco. Normalmente, el muchacho con mayor puntería solía ganar el juego, aunque a veces acertaba alguno por casualidad.

Era más preciso lanzar piedras con el tirador, o tirachinas. Este objeto lo confeccionaban los padres con una rama de olivo en forma de horquilla, se le hacía una muestra en los extremos superiores y se ataba una goma, generalmente cortada del neumático de una rueda. En el otro extremo, las gomas se enlazaban a un trozo de cuero flexible donde se alojaba la piedra.

Antiguo tirachinas

Primero se alojaba en el cuero una piedra de tamaño y forma adecuada, normalmente redondeada para poder cogerla bien con los dedos. Con la mano derecha se agarraba fuertemente el palo de la horquilla, se estiraban las gomas hasta tensarlas al máximo y luego se soltaban para que la piedra saliera despedida a gran velocidad. El juego consistía en golpear o caer algún objeto con la piedra lanzada, algo difícil, para lo cual se necesitaba potencia y precisión. Algunos eran muy diestros en el manejo del tirador y eran capaces de abatir pájaros situados en las ramas de los árboles.

Niños lanzando piedras con un tirachinas

Gustaba a los muchachos poner trampas para los pájaros con ballestas y con cepos. Las ballestas se montaban sobre una tabla y el enganche era de palo, mientras que los cepos eran completamente metálicos. Las ballestas eran más antiguas.

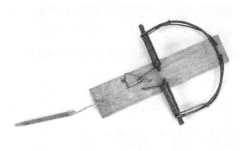
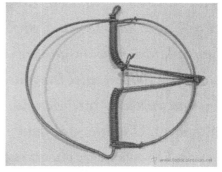
Ballesta con armazón de madera y cepo de metal

Pájaro atrapado por una ballesta

Atados con un hilo se colocaba una aceituna si se querían cazar pardales en los olivares o granos de trigo si se intentaban cazar gurriatos en las sementeras. Con una varilla se abría la trampa y se enganchaba en el hilo que sujetaba la aceituna o el trigo. Luego la trampa se enterraba en la tierra, dejando solamente el cebo. Cuando el pájaro tiraba del señuelo se desenganchaba la varilla y se cerraba la trampa quedando atrapado el pájaro por el cuello, que moría entonces.

También se dedicaban los muchachos a cazar grillos, para lo cual cuando los escuchaban cantar en el campo se aproximaban al lugar de donde provenía el sonido muy despacio, hasta que conseguían verlo entrar en su cueva. El grillo detiene su canto en cuanto escucha el más leve ruido, por lo que la aproximación tiene que ser muy cuidadosa. Una vez descubierto el agujero donde está escondido el grillo, el niño se orina en él para obligarlo a salir. En cuanto sale huyendo del líquido que entra, se le coge. Los grillos se llevaban a casa y se ponían entre las macetas, aunque en algunos casos se metían en una grillera que es una jaula pequeña hecha de cañas o de alambres. El interés por tener un grillo en casa es porque su presencia se considera como de buena suerte. Incluso antiguamente se utilizaban los grillos como guardianes de las casas con jardines, ya que si se aproximaban extraños los grillos dejaban de cantar y eso alertaba a los moradores de la casa.

Más cruel era la caza de tarántulas en la era, que viven en un agujero bajo tierra que cierran con una tapadera. Se localizaba la guarida y se destapa. Luego se mete dentro una pajita o una cuerda y se espera a que la tarántula la agarre. Una vez notado el tirón, se tiraba hacia arriba y se sacaba la tarántula. Se repetía esa operación varias veces para obtener más tarántulas. Luego se enfrentaban en pareja a luchar porque son muy agresivas entre ellas, hasta que una de ellas moría.

3.- Saltar sobre otro agachado.

Había juegos en los que los muchachos se agachaban y hacían de burro, con lo que los demás saltaban sobre él. Había tres variedades de juego, para lo cual siempre se requería la participación de varios muchachos. A este juego también jugaban las niñas por ser más de habilidad que de fuerza.

Uno de los juegos es lo que se conocía como la canca la mula, que consistía en que un niño se la quedaba y hacía de burro. Los otros niños formaban una fila situándose en orden por habilidad en el salto o por jerarquía en el grupo. Se cantaba sucesivamente una canción y cada muchacho tenía que hacer lo que le tocaba en su turno. Si fallaba al saltar o no hacía lo que le correspondía entonces reemplazaba al burro y se quedaba él.

Jugando a la canca la mula

Según iban saltando los muchachos sobre el burro iban recitando esta retahíla y haciendo algo especial en algunos casos:

    A la una,
    la canca la mula.
    A las dos,
    la coz.
    A las tres,

la culá de san Andrés.
A las cuatro,
araña mi gato.
A las cinco,
salto y brinco.
A las seis,
salto a ley.
A las siete,
pongo mi carabuchete.
A las ocho,
me como un bizcocho.
A las nueve,
mi caballito bebe
Y a las diez,
empiezo otra vez.

En realidad, no todas las veces que se saltaba debía hacerse algo especial, solo en algunas ocasiones. En el dos, se le daba con el talón una coz en el culo al burro, en el tres al saltar se dejaba caer con el culo sobre la espalda, a las cuatro se ponían las uñas y se arañaba la espalda como un gato, a las cinco se saltaba y al caer al suelo se daba un brinco, a las siete se colocaba una piedra sobre la espalda del burro que no debía de caer, a las ocho se recogía la piedra. Ni a la una, ni a las seis, ni a las nueve ni a las diez había que hacer nada, tan solo saltar limpiamente por encima del burro.

Semejante era el juego de antera que consistía simplemente en que un niño se agachaba y los demás saltaban sobre él en fila. Cuando terminan todos de saltar, otro se queda de burro y vuelven a saltar todos. Si uno de los muchachos no salta se tiene que quedar de burro. En este caso ni se cantaba nada ni tampoco se desplazaban.

La mona corría es un juego de saltos sucesivos de unos niños sobre los demás. En este caso, uno de los niños se ponía de burro y lo salta otro, que se separaba un par de metros y se agacha. El siguiente niño salta a los dos y también se agacha. Así sucesivamente hasta que salta el último de los muchachos toda la hilera de burros. En ese momento, el primero que se agachó, se levanta y los salta a todos. Así van saltándose unos a otros por las calles, por eso, en algunos pueblos a esta modalidad de juego se le llama correcalles. En este caso no hay ganador ni perdedor, y todos los participantes son iguales. Tampoco hay que hacer nada especial ni hay una retahíla. En ocasiones se pedía aumentar la dificultad del juego con una mayor velocidad en los saltos o bien se ponían los burros más cerca unos de otros con lo que no se podía coger carrerilla para saltar, sino que los saltos eran continuos.

Jugando a la mona corría

En el juego del burro en la ventana los participantes se dividían en dos grupos y se echaba a suertes para determinar cuál de los dos grupos tenía que hacer de burro. El equipo perdedor formaba una hilera de muchachos agachados uno cogiéndose de la cintura al de delante y el primero se agarraba fuertemente a la reja de una ventana. De esta forma se formaba un burro largo. Los componentes del otro equipo iban saltando uno tras otro hasta quedar sentados a horcajadas en el burro.

Grupo de muchachos jugando al churro, con uno sujetando al burro

Había dos estrategias en el juego. En ocasiones saltaba primero el que más lejos podía llegar para ponerse sobre el primer muchacho, dejando sitio para que se colocaran los demás y el último en saltar era el que peor lo hacía. En otras ocasiones convenía hacerlo al revés y se aseguraba con que se colocaban sobre el burro los más torpes en el juego y finalmente saltaba el mejor saltador que incluso podía remontar a los de su propio equipo y colocarse por delante. Si el burro aguantaba los saltos del otro equipo o bien alguno de los saltadores se caía, entonces ganaban el juego los del burro y se intercambiaban las posiciones. Por el contrario, si, con el peso, el burro cedía, entonces debían colocarse de nuevo.

En algunos lugares, el primero de los muchachos que forman el burro no se agarra a una ventana, sino que es sujetado por otro que se pone contra la pared. Además, si los de arriba se mantienen tienen que adivinar qué hace el líder con el brazo que puede ser churro, media manga o mangotero. Esta es la modalidad más extendida de este tipo de juego, pero en Ribera se jugaba de esta forma tan peculiar y por eso tenía el nombre de burro en la ventana.

4.- Los bolindres.

Los bolindres o bolas son lo que ahora se denominan canicas. Los antiguos se fabricaban artesanalmente con barro, muy abundante en el pueblo. Se moldeaban las bolas de barro y se dejaban secar al sol. Había unos bolindres de barro más duro porque se cocían al horno, que se compraban, de distinto tamaño y se decían que eran bolas de china, siendo más apreciados, con más valor, por ser más raros. A las bolas de china muy pequeñas se les llamaban chilindrinas y era un lujo tenerlas. Más tarde, en los años sesenta, aparecieron las bolas de cristal de un solo color (marrón, rojizo, verde, anaranjado, azul) y después aquellas típicas transparentes con una especie de agua de color en su interior. A las bolas de cristal se les llamaba cristalejos.

Distintos tipos de bolindres

A los bolindres se solía jugar en otoño tanto en la calle como en el patio del colegio, que estaban de tierra. En esa época del año se veían por todo el pueblo grupos de tres, cuatro o cinco muchachos de distintas edades jugando a los bolindres. Como en todo juego de apostar para ganar, también en este había muchachos más habilidosos y que tenían mucha puntería tirando con los bolindres.

Bolindres de barro y el gua

En el juego de los bolindres se jugaba a ganar bolindres a los otros participantes. Sin embargo, en algunas ocasiones, se jugaba a los bolindres solamente por diversión, para entretener el tiempo, entre amigos que no querían ganar o perder. Se ponían de acuerdo para que solo jugaran y al final del juego cada uno recuperaba sus bolindres. Se decía que entonces jugaban al zate.

Había dos juegos con los bolindres, diferentes en su forma de juego: el gua y el triángulo. Normalmente primero se comenzaba a jugar al gua durante unos días y se terminaba la temporada jugando al triángulo.

El juego del gua consistía en hacer un hoyo en la tierra, no necesariamente muy hondo, que era el gua. Ante de comenzar el juego se determinaba el orden de los jugadores, bien por jerarquía en el grupo o echando a suertes. El perdedor era el primero que salía con su bola al campo de batalla. Desde el gua lanzaba la bola en una dirección lo más lejos posible. El siguiente intentaba darle con su bolindre si lo consideraba asequible o bien disparaba la bola en otra dirección intentando ponerse a salvo de posibles enemigos. Y así sucesivamente, de tal manera que el último participante tenía más ventajas que los anteriores porque había varias bolas a las que podía atacar.

Lanzando la bola al gua

El procedimiento que normalmente se utilizaba para lanzar la bola era el siguiente. Desde la posición de la bola se medía un palmo con una mano. Para ello se apoyaba en el suelo el dedo pulgar donde estaba la bola y se medía una cuarta o palma al colocar el dedo corazón sobre el suelo, indicando así el lugar desde donde se debía lanzar la bola. Esta es la mayor longitud entre los dedos. Algunos intentaban ser más avispados que los demás y situaban en el suelo primero el dedo meñique y después, por delante, el anular y finalmente el dedo corazón, con lo que avanzaban más. Entonces si los demás se daban cuenta de la treta, gritaban "No vale andar" y tenía que medir la cuarta correctamente. Pero si era listo y rápido, a veces colaba. Y si era el líder quien lo hacía, normalmente los otros se callaban por temor a las posibles consecuencias. Con la yema del dedo corazón en el suelo se ponía vertical la mano y desde la punta del dedo gordo se tiraba la bola con la otra mano, que se sujetaba con los dedos pulgar y el índice o el corazón que servían para lanzar la bola. Aunque esto era lo más normal, había muchachos que lanzaban la bola de otras maneras que también se permitían.

Una vez que todos los participantes habían sacado su bola desde el gua, si ninguno había impactado en la bola de un contrincante, entonces volvían al turno. Entonces el primero tenía todas las opciones y podía lanzar la bola contra otra que estuviera próxima, buscar un lugar donde esconderla como una piedra próxima o bien alejarse de un jugador peligroso que pudiera darle a su bola en la tirada ya que él consideraba que no podía alcanzarlo. Incluso si el jugador no quería correr riesgos y consideraba que su posición era favorable respecto a los demás podía pedir quedarse donde estaba y perder turno, es decir, que no se movía de su sitio.

Cuando un jugador le daba con su bola a la de otro, entonces tenía que meter la bola en el gua, para lo cual en sus turnos se aproximaba hacia el gua lanzando la bola lo más cerca posible. A veces, si se estaba cerca o bien si se era muy habilidoso se metía la bola en el gua al primer intento, pero eso era difícil. Aproximarse al gua para ganar la partida a un contrincante tenía su peligro porque algunos jugadores en su estrategia se mantenían cerca del gua aprovechando la aproximación de otros jugadores para matarlos, es decir, impactar sobre su bola. En ocasiones un mismo jugador podía matar a dos contrincantes, o unos se habían matado a otros y todos intentaban aproximarse al gua para meter dentro su bola.

Al conseguir meter la bola en el gua, el jugador le ganaba un bolindre al que le había dado. Normalmente se daban para pagar la apuesta bolas imperfectas, feas o dañadas por los golpes. Las mejores eran guardadas por los jugadores para el juego.

Cuando dos bolas estaban próximas porque un jugador intentaba dar a la bola de otro, pero no lo conseguía y quedaba a su lado, un tercer jugador podía lanzar su bola contra ellos y, en ocasiones, si era habilidoso, podía dar a las dos bolas una tras otra y se decía que se había hecho carambola.

Grupo de niños jugando a los bolindres en la calle

En general, solo con haber dado a la bola, el otro se consideraba muerto, pero a veces se ponía una regla y era que para haber matado a otro la bola tenía que alejarse del lugar en que estaba al menos una mano puesta en horizontal. Y también se podía exigir que la bola lanzada quedara justo en el sitio de la otra, diciéndose que la bola había quedado asentá. Si no era así, se consideraba que no estaba muerto y continuaba el juego. Había algunos que para que su bola no se alejara mucho ponían el pie delante y se decía que se paraba la bola. Por eso, cuando un jugador iba a lanzar su bola, si existían estas reglas, decía "Ni me la pares ni me digas asentá", para evitar estas condiciones.

Si un jugador colocaba su bola detrás de una piedra para ocultarse de los demás, podía también ser matado si el lanzador conseguía que la bola escondida se alejara de la piedra, ya que golpeaba la piedra con su bola y en el impacto la otra se desplazaba. El que tenía su bola escondida, al verse atacado podía imponer una norma al decir "acoto a los cuatro dedos", lo que significaba que con el impacto la bola debía alejarse de la piedra a una distancia superior a los dedos de la mano juntos y en horizontal.

El juego del triángulo era muy diferente. En este caso se dibujaba un triángulo en el suelo y cada jugador deposita una de sus bolas en el interior. Para establecer el orden de juego se dibuja una línea en el suelo que no esté muy alejada del triángulo, pero que tampoco esté cerca porque entonces es fácil colocar la bola sobre ella. El que más se acerque a la línea con su bola, será el primero en tirar. En otros lugares, en lugar de colocar las bolas en un triángulo se colocaban dentro de un círculo o de un cuadrado.

Triángulo con bolindres

El juego consiste en sacar cada jugador en su turno, todas las bolas que pueda del triángulo y se las queda porque las ha ganado, pero procurando que no quede la suya dentro porque, en ese caso, habría terminado su participación en el juego y debe poner en el triángulo todas las bolas que había ganado. El juego concluye cuando el triángulo se queda sin bolas. O bien cuando todos los jugadores, menos uno, han caído con su bola dentro del triángulo y han sido eliminados, con lo que el que queda es el ganador de todas las bolas.

Para tirar las bolas desde el triángulo a la línea y de ella por primera vez al triángulo para intentar sacar una bola se hacía de pie y lanzándola con la mano, luego se tiraba la bola como en el gua, midiendo la cuarta con una mano y lanzando la bola con la otra.

5.- Los tejes.

Es un juego con semejanzas con el gua y con el triángulo, del que toma algunas reglas. En este caso lo que se utilizan son tejes o piedras planas, generalmente trozos de pizarra.

Primero se hace una línea a una cierta distancia, como de unos dos o tres metros, a la que se lanzan por orden elegido por un juego de azar los tejes desde un punto determinado. Esta es la manera de determinar cuál será el que comienza el juego, que será el que está más lejos de la línea y el último será el que se aproxime más. Si uno da con su teje a otro, entonces se pone por delante de él en el orden. Esto sería igual que se hace en el juego del triángulo con las bolas.

Cuando se ha determinado el orden de salida, el primer jugador, que es el último en el orden conseguido, lanza su teje o tejo (tal vez de tejoleta) lo más lejos posible y lo mismo los demás, aunque si ha quedado cerca pueden intentar golpearlo. Si un jugador golpea con su teje al de otro, entonces le gana lo que hayan apostado: un bolindre, un cromo o una peseta. Si un jugador da a otro con su teje puede volver a lanzar para darle a otro jugador o para alejarse. En esto se parece al juego de los bolindres al gua, aunque en este caso se gana solamente con dar con el teje a otro.

6.- Los santos.

En su origen, los santos eran las tapas con dibujos de las cajas de cerilla. En la cara superior de las cajas de cerilla venía un dibujo de animales, de coches, de trajes regionales y muchos otros temas y en la cara inferior solía venir una leyenda alusiva a la imagen. Con las cajas vacías de las cerillas que iban quedando en casa, se conseguían los santos que eran las tapas superiores con los dibujos. Se podían coleccionar los santos según la temática y cambiarlos a otros amigos si estaban repetidos. Seguramente, el nombre de santos esté relacionado con las estampitas de santos con las que jugaban las niñas. Pero lo más divertido era apostarse los santos en juegos casi de azar o de habilidad y destreza para ganar los de los demás.

Santos de animales

Mientras las apuestas con estampitas eran típicas de las niñas, los niños coleccionaban santos y se los jugaban de dos maneras.

Una manera de apostar y ganar santos era colocar un santo cada jugador participante en el suelo, baca abajo y luego, con la mano combada, se daba un golpe a uno de ellos. Si se volvía de cara, es decir, con el dibujo hacia arriba, entonces el jugador lo ganaba y podía volver a intentarlo con otro. Si no le daba la vuelta, pasaba el turno a otro jugador. Al terminar la ronda de todos los jugadores si aún había santos en el suelo sin voltear, se comenzaba una nueva ronda. El juego terminaba cuando se les daba la vuelta a todos los santos de la apuesta. A veces, se aumentaba la apuesta y en lugar de un santo, los participantes podían acordar poner dos o tres cada uno. En este juego, los más habilidosos en voltear los cromos conseguían más y ganaban los santos de los otros. Cuando un niño comenzaba el juego con un montón de santos y los perdía todos se decía que lo habían quedado "aparruche".

Niños jugando a dar la vuelta a los cromos

La otra modalidad de juego con los santos consistía en lanzarlos por orden desde una pared a una altura determinada, marcada con una línea o aprovechando un accidente peculiar de la pared (desconchón, saliente, rugosidad). Primero había que determinar el orden de juego, que podía ser al azar o bien los jugadores lanzaban desde una línea sus santos hacia la pared y el orden de salida era inverso al de cercanía del santo a la pared, es decir, que primero lanzaba su santo el que quedaba más lejos, ya que así tenía menos posibilidades de ganar. Los santos volaban en el aire y caían al suelo, desparramados. Cuando un santo lanzado montaba a otro del suelo, entonces el lanzador lo ganaba y volvía a tirar. Si solo se tocaba en la línea, es decir, que no montaba nada entonces no valía y se decía "tirini", para indicar que no había montado, aunque sí valía si se montaba sobre uno de los picos del santo. Cuando todos los jugadores habían tirado un santo al suelo, entonces se hacía una nueva ronda, con lo que aumentaba el número y también las posibilidades de ganar. En ocasiones había muchos santos en el suelo y se decía que formaba una parva. A este juego también podían jugar dos niños, de tal manera que iban lanzando santos alternativamente y el que montaba con su santo a otro del suelo se los llevaba todos. También se podía jugar al zate, es decir, que no se perdían los santos.

También había un juego con los santos entre dos jugadores en el que un jugador tomaba uno de los suyos por los bordes largos entre los dedos pulgar y corazón y el otro pedía cara o cruz. Se lanzaba al aire el santo que daba vueltas mientras caía. Si caía como el otro había pedido lo ganaba y si era lo contrario tenía que pagar un santo. Las apuestas podían ser mayores, de dos, tres, cuatro o más santos en cada jugada.

Más tarde, a finales de los años sesenta y en los años setenta aparecieron las colecciones de cromos con su álbum para rellenar. Eran colecciones de diversa temática: animales, plantas, minerales, indígenas del mundo, de tradiciones de España, de monumentos, de hechos históricos. Cada cromo, en su reverso tenía un número que era el lugar donde se debía pegar en el álbum. Debajo del recuadro donde se pegaba el cromo había una leyenda para explicarlo. En ocasiones, para completar un dibujo de grandes dimensiones se precisaban varios cromos que se unían como un mosaico. Era una forma de adquirir cultura y conocimiento a través de los cromos.

Cromos de animales

Cromos de hechos históricos

Estos cromos se compraban en las tiendas y venían cinco en un sobre. Muchos de ellos tocaban repetidos y se cambiaban a otros amigos por uno que no se tuviera, eran los "repes" y así ir completando el álbum. En toda colección había cromos que salían mucho en los sobres y otros que eran poco frecuentes, los cuales eran más valorados para completar el álbum, con lo si querías conseguirlos tenías que pagar veinte, treinta o cincuenta cromos por el deseado. La editorial de los cromos te permitía, siempre que te quedaran menos de diez para completar el álbum, mandar a pedir los que te faltaban.

Ya en los años setenta aparecieron los cromos de futbolistas, en el mes de septiembre con las plantillas de los jugadores de los equipos de primera. Y al final los últimos fichajes de los equipos. En este caso eran codiciados, sobre todo, los cromos de jugadores emblemáticos del Real Madrid, del Barcelona o de otros equipos. También había un álbum para colocarlos.

Álbum de futbolistas

Igualmente, con estos cromos también se hacían juegos para ganar más, tanto a voltearlos con las manos como a la pared para montarlos. Como en este caso los cromos estaban numerados por detrás se jugaba con ellos a otro juego diferente. En este caso, se tomaba un montón de cromos de un número variable (de treinta a cincuenta) y se barajaba. Luego se dividía el montón en dos partes, que no tenían que ser iguales. El otro jugador elegía una mano y se daba vuelta a las dos mitades, ganando aquel cuyo montón, en el cromo inferior, tuviera el cromo de mayor numeración. Luego era el otro jugador el que barajaba su montón de cromos y lo partía en dos para que eligiera el contrincante. En cada jugada se podía apostar uno, dos o tres o más cromos. Cuando las apuestas eran altas había más emoción en las jugadas. En el caso de los cromos de futbolistas, como no había números, entonces se determinaba el ganador aquel con más letras en el nombre del futbolista en el final del montón.

7.- El repión.

El repión, ahora llamado peonza, era de madera dura como la encina, con el fin de que pudiese aguantar los golpes contra el suelo y de los adversarios. Tiene forma de pera, más ancho y redondeado por arriba y acabado en punta en el otro extremo, donde se le coloca una púa de metal. Se tomaba el repión entre los dedos pulgar y corazón de una mano y con la otra se enrollaba un cordel comenzando por la punta metálica. Las primeras vueltas debían estar muy apretadas para imprimir más velocidad y fuerza al giro del repión. Una vez que estaba enrollado el cordel se trababa la punta de este con nudo grande entre los dedos índice y corazón y se lanzaba el repión con fuerza conta el suelo al tiempo que se tiraba de la cuerda hacia atrás. Con eso, el repión caía con fuerza sobre el suelo por la punta y comenzaba a girar.

Repión cogido para lanzarlo

A veces, los muchachos jugaban a lanzar el repión por el simple placer de hacerlo. Entonces cada uno lanzaba al suelo su repión y veía cuánto tiempo duraba dando vueltas en vertical. Cuando iba a pararse se decía que cabeceaba y finalmente quedaba en el suelo. Había algunos que eran muy habilidosos y eran capaces de meter el repión que giraba entre los dedos índice y corazón y pasarlo a la palma de la mano donde seguía girando. Incluso eran capaces de volverlo a depositar en el suelo donde giraba más tiempo. Eran por tanto juegos de habilidad y de concordia, aunque siempre había pequeñas competiciones por ver quién lanzaba el repión con más fuerza y estaba más tiempo girando en el suelo o era capaz de pasarlo a su mano.

Niños lanzando el repión al suelo

Repión girando en el suelo y en la mano

Había un juego en el que se apostaban repiones. Para ello se hacía un círculo en el suelo de unos dos metros de diámetro y cada jugador colocaba en el centro un repión, que solía ser viejo, sin punta, abierta la madera. Se colocaban con las puntas hacia el centro. Luego, por turnos según el juego de azar elegido, cada jugador preparaba su repión y lo lanzaba contra los que estaban en el suelo. Cuando conseguía sacar uno del círculo entonces se lo quedaba. Una vez que todos los participantes lanzaban su repión contra los de dentro y quedaban algunos en el círculo, entonces se volvían a colocar en el centro y se repetía el turno.

8.- El verdugo.

Para jugar al verdugo se utilizaba una taba o patusca, que es el hueso astrágalo del tobillo de una oveja o de un cordero. Este hueso es muy especial porque al lanzarlo al aire y caer en el suelo puede caer de cuatro maneras diferentes, con una superficie determinada y característica por su relieve hacia arriba. Las cuatro caras de la taba reciben diferentes nombres que los jugadores conocen perfectamente.

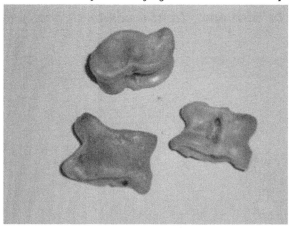

Tabas en diferentes posiciones

Existen muchos tipos de juegos con las tabas, los cuales provienen de la antigüedad, en los que se apuesta dinero según la cara que caiga hacia arriba. También hay juegos de habilidad para recoger las tabas en un determinado orden del suelo según la cara que presenten a la vista.

En el caso del juego que nos ocupa, las cuatro caras de la taba se denominan: culpable, inocente, verdugo y rey. Este orden es por la facilidad de caer la taba con esa cara hacia arriba, por lo que lo más fácil y probable es que caiga culpable y lo más difícil es que caiga rey. Podemos decir que en la taba hay dos caras anchas, superior e inferior, que son más probables que caigan hacia arriba, y otras dos caras laterales con menor probabilidad de caer hacia arriba.

Las cuatro caras de una taba se denominan de muchas maneras diferentes según los lugares, pero para este juego en concreto que nos interesa reciben los siguientes nombres:

- Culpable, si la sale la cara ancha cóncava o que tiene un hoyo.

- Inocente, es la cara convexa, inversa u opuesta a la anterior. Tiene como una barriga abultada.

- Verdugo, que tiene un pico que sobresale en uno de sus extremos. Es la parte más lisa de la taba, aunque tiene unos pequeños bultitos, pero más suavizados.

- Rey, es la cara opuesta al verdugo, la cual presenta un hueco o zona cóncava.

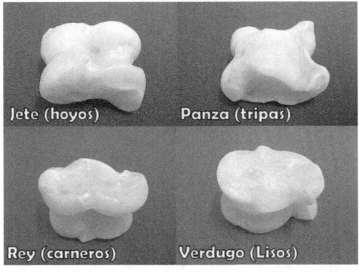

Posiciones de la taba: Culpable, Inocente, Rey y Verdugo

Este juego, debido a que es violento, se jugaba entre muchachos. Para jugar se necesita un cinturón o una correa de cuero y una taba. Primeramente, hay que elegir quiénes de entre los participantes será el rey y el verdugo. El rey será el encargado de determinar el castigo que se inflige a cada jugador al que le salga culpable, y el verdugo se ocupa de ejecutarlo. La violencia del castigo puede ser alta si al que le toca culpable está enemistado con el rey que aprovecha para vengarse de él. Si los papeles cambian, también se produce el mismo caso. Por eso, en ocasiones, el juego servía como entretenimiento si los castigos no eran severos y se ejecutaban con suavidad, pero, si el rey o el verdugo querían, podía ser muy violento. A veces, se producían situaciones de violencia que los muchachos debían soportar con calma y sin llorar para que no se burlaran de ellos.

Se lanza la taba a modo de dado por turnos, sin que pase nada hasta que alguien consiga los cargos de rey y verdugo. A partir de entonces a todo el que le aparezca la posición culpable se le castigará con una serie de golpes de cinturón, siendo el rey quien decidirá su número, lugar del cuerpo, intensidad y forma de golpeo. El castigo será ejecutado por el verdugo. Si al jugador le sale inocente pasa el turno al siguiente jugador y si toca la posición rey o verdugo adquiere dicho cargo. El rey y el verdugo dejan de lanzar la taba hasta que alguno de los demás les quite el puesto volviendo entonces al corro de jugadores y estando también expuestos a los castigos del nuevo rey o verdugo si les sale culpable.

9.- Lanzamiento de las tabas.

Se trata de un juego en esencia muy semejante al de las chinitas que juegan las niñas. En este caso, pueden participar tanto niños como niñas, ya que el juego no es violento, sino de habilidad en lanzar y recoger las tabas. A diferencia de las chinitas, en el caso del lanzamiento y recogida de las tabas se pueden dar más modalidades de juego debido a las diferentes caras que presenta una taba. En este caso se nombran como hoyo, panza, carneros y lisos.

Se juega con cinco tabas y el juego más sencillo sería lanzar una taba al aire y coger las otras de una en una, luego de dos en dos, luego tres y una, y finalmente las cuatro. Quien consiga hacer primero todo el recorrido completo gana. Si un jugador no consigue coger las tabas que le corresponde del suelo o no recoge la del aire, pierde el turno y se pasa al siguiente jugador.

También se puede jugar a lanzar las cinco tabas al aire y recoger todas las posibles con el dorso de la mano y luego lanzarlas de nuevo para cogerlas con la palma. Aquel participante que consiga tener más tabas en la mano tras los dos lanzamientos será el ganador de la partida.

En estos casos, se puede jugar simplemente por diversión, pero también pueden hacerse apuestas de bolindres, cromos, alfileres o dinero. De tal manera que el que gana la partida se lleva toda la apuesta. Normalmente se apostaba solo uno, pero en ocasiones se elevaba la apuesta a dos o tres en cada jugada con lo que había más emoción entre los jugadores.

Una forma de juego especial que solo puede hacerse con las tabas es la siguiente. El jugador remueve las tabas en el hueco de sus manos y las lanza al suelo. Luego va lanzando una bola hacia arriba y antes de recogerla tiene que coger una taba en una determinada posición, por ejemplo, en hoyo. Sigue lanzando la bola y en cada lanzamiento debe coger las tabas que estén en hoyo y si no hay las va volteando para que se pongan de esa cara y luego las recoge. Cuando ha terminado con esta cara, lanza de nuevo las tabas al suelo y comienza a recogerlas en posición de lisos, por ejemplo, y así sucesivamente. El orden de recogida se establece previamente por los jugadores. Si no consigue recoger la bola o bien no ha volteado o recogido una taba durante el lanzamiento, el jugador pierde el turno y juega el siguiente jugador. Gana el juego aquel jugador que consigue recoger todas las tabas en sus posiciones correspondientes en el menor número de lanzamientos.

Niños jugando a las tabas

10.- La billarda.

Se trata de un juego bastante sencillo en el que se utiliza un palo o una palmeta y la billarda.

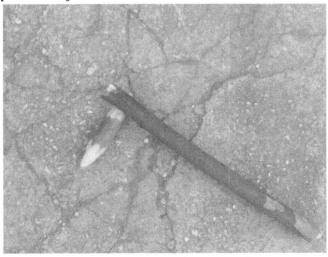

Billarda y palo

La billarda es un palo corto de unos diez o doce centímetros de largo, generalmente de olivo, con los extremos acabados en punta afilada hechas con una navaja. Para golpear la billarda se utilizaba una paleta que se hacía de una tabla de las cajas de los quesos o de cualquier otra procedencia. En épocas anteriores el palo para golpear la billarda también era una vara de olivo de aproximadamente un metro de largo, relativamente grueso, recto y liso para que fuera manejable con la mano.

Antes de comenzar el juego se dibuja un círculo grande en el suelo que será el terreno a defender por el jugador que tiene la paleta. El otro jugador intentará meter la billarda dentro del círculo.

El juego comienza eligiendo quién defiende el círculo con la tabla o con el palo y quién tiene que ir a buscar la billarda y lanzarla. El defensor lanza la billarda lejos del círculo, elevándola en el aire y golpeándola fuerte para mandarla lejos. Para ello tiene tres intentos y si no lo consigue pierde el turno. Una vez lanzada la billarda, el otro jugador tiene que ir a por ella. La lanza hacia el círculo con intención de que caiga dentro. Puede hacerlo con una parábola para superar al defensor o por lo bajo. El defensor del círculo, cuando veía venir la billarda en el aire podía golpearla con la tabla para alejarla o bien la deja caer si ve que no va quedar dentro del círculo, bien porque no llega o porque se pasa.

Entonces, el defensor se acercaba a la billarda con la tabla y tiene cuatro intentos para hacer saltar la billarda golpeando uno de los extremos con la tabla puesta de canto. Si la billarda salta bien entonces la golpea en el aire con la parte plana y la aleja cuanto puede del círculo. Para indicar las opciones, se decía: palito uno para el primer intento, palito dos para el segundo intento, palito tres para el tercer intento y trompícale para el cuarto intento. Si en los cuatro intentos no se golpeaba a la billarda el lanzador la lanzaba desde ese lugar al círculo, siendo más fácil meterla dentro porque está más cerca.

El juego termina cuando el lanzador consigue meter la billarda en el círculo. Entonces se intercambian las posiciones. Si había varios jugadores, el lanzador hacía de defensor del círculo y tomaba la tabla y el de la tabla salía del juego. Entonces entraba otro jugador que se encargaba de lanzar la billarda. Este juego podía alargarse durante horas hasta que participaban todos.

Jugador golpeando la billarda con el palo

Golpear la billarda con el palo

Había muchachos con gran facilidad para lanzar la billarda y dejarla dentro del círculo, por lo que su participación en el juego como lanzador era breve. También los había que defendían muy bien el círculo ya que sabían hacer saltar la billarda y golpearla con fuerza mandándola muy lejos y el lanzador tenía grandes dificultades para meterla en el círculo, con lo que jugaban mucho tiempo de defensor, que era la posición importante en el juego.

En el juego de la billarda no se apostaba nunca nada, se trataba de un divertimento para pasar el tiempo, aunque siempre estaba en juego la honra y la autoestima tanto del lanzador como del defensor. En ocasiones, podía resultar agotador ir tantas veces a recoger la billarda muy lejos, ante las burlas de los demás.

11.- Al esconder.

Es un juego en el que las reglas y el modo de jugar era completamente igual que al que jugaban las niñas. A pesar de ello, los niños y las niñas no jugaban juntos. Además, los niños corrían más y si jugasen también las niñas llevarían las de perder. Por otro lado, a los niños les gustaba más jugar al esconder en las noches claras, con luna, del verano, en la era o en calles con rincones para esconderse.

En el caso de los muchachos, para no jugar al esconder que parecía un juego de niños pequeños o de niñas, al juego se le llamaba Arza la malla. Las reglas eran las mismas, pero en este caso, cuando un niño burlaba al que se quedaba y llegaba al punto donde estaban los que ya había cogido, decía: "Arza la malla por todos mis compañeros y por mí primero".

Jugando al esconder

12.- Juegos en equipos.

Para jugar por equipos, primero dos muchachos mayores o líderes en el grupo se encargaban de echar a pies o a suerte quién elegía primero. Y así, alternativamente, iban eligiendo a los integrantes de cada equipo.

Los niños jugaban también, como ya vimos en el caso de los juegos de niñas, a perseguirse escondiéndose un equipo en un zaguán de una casa grande, y a cogerse haciendo dos equipos que se situaban en ambas aceras de una calle y luego se juntaban en el centro para cogerse unos a otros.

Como juegos propios de los niños están los carceleros y el marro, que son más violentos.

Los carceleros era un juego bastante violento. Para jugarlo se hacían dos equipos y uno eran las liebres que corrían desperdigadas por las calles próximas, que se acotaban, y los otros eran los perros. Los perros tenían que coger a las liebres y cuando las atrapaban las llevaban a la fuerza a la cárcel. La liebre intentaba zafarse y a veces lo conseguía con lo que volvía a ser libre. La cárcel solía ser la puerta de un corralón. En las esquinas se colocaban dos muchachos, generalmente de mayor edad y fuertes, cada uno provisto de un cinturón. Las liebres encerradas en la cárcel tenían que intentar salir, arriesgándose a que los carceleros les dieran con el cinturón, que solía ser con fuerza y hacían daño. Las liebres que se escapaban volvían al campo de juego a correr. Cuando los perros cogían a todas las liebres y las mantenían en la cárcel se acababa el juego.

En el juego del marro también se hacen dos equipos, cada uno de los cuales se coloca en una pared frente al otro equipo. En un momento dado, un jugador de un equipo sale al medio para retar al otro equipo. En su persecución sale un jugador del otro equipo y en su ayuda puede salir un jugador de su propio equipo. Los jugadores de cada equipo van saliendo de la pared o marro uno a uno. Cuando un jugador es cogido, es llevado al marro del otro equipo. Si hay más de un jugador atrapado se pueden poner en fila y cogidos de la mano, porque un jugador de su propio equipo puede llegar hasta ellos y salvarlos al tocarle la mano. El juego termina cuando un equipo ha cogido a todos los jugadores del otro y están en su marro. También termina si el marro o pared de un equipo queda vacío, sin protección, y un jugador del otro equipo consigue llegar a él y tocar la pared. En ese momento grita "Es el marro que tiene las patas de barro" con lo que ha conquistado el marro enemigo y su equipo ha ganado el juego.

13.- El aro.

Los niños jugaban con el aro de metal que conducían vertical ayudados por una varilla de hierro. Era difícil mantenerlo y hacerlo correr, por lo que se trataba de un juego de habilidad y destreza.

Es un juego infantil muy antiguo practicado en todo el mundo, y que especialmente gustaba hacer correr por las calles empedradas como la Calle Larga o la calle El Cura, porque rodaban mejor que por las calles de tierra.

Niño jugando con el aro

También se aprovechaban los aros de madera procedentes de otros usos que se les hacía rodar dándole pequeños golpes con un corto palo procurando que no cayese. E incluso se jugaba a rodar las ruedas viejas.

Niños jugando a rodar ruedas viejas y aros de bicicleta

14.- El látigo.

Las participantes se disponen en fila y se sujetan fuertemente de las manos, formando una hilera. Quien inicia el juego suele ser la persona de mayor fuerza corporal, y quien ocupa la última plaza, por lo general, es la menos corpulenta o un forastero al que se le quiere gastar una broma, porque el juego es violento en su finalización con el último de la fila.

Una vez colocados, los participantes correrán en círculo todos sujetos de las manos, cada vez con mayor velocidad. En un momento inesperado, el primero, que ahora está en el centro del giro, tirará con fuerza de la mano del compañero, este del siguiente, y así sucesivamente hasta que llegue el tirón al último participante, como si de una corriente eléctrica se tratase. El último deberá agarrarse a quien le precede con mayor fuerza que los demás, porque recibirá toda la fuerza que se ha concentrado a lo largo de la fila. Es lo que se conoce como látigo. A veces, el impulso es tan grande que, aun sujetándose con las dos manos del brazo de su compañera o compañero, se acaba por caer al suelo o incluso si se suelta de la mano del anterior, puede salir volando por la fuerza generada y darse un mal golpe. Este juego puede tener malas consecuencias y casi nadie se presta a colocarse en último lugar, por lo que se practicaba poco y se hacía para hacerle una jugarreta a alguien.

15.- La gata paría.

Este es un juego poco frecuente que se jugaba de manera esporádica cuando varios muchachos estaban sentados en un umbral. Entonces uno de ellos, que estaba en una punta, se giraba y ponía los pies contra la pared de un lateral de la puerta. Empujaba con fuerza con los pies sobre los otros, hasta que uno o más salía fuera del umbral. En eso consistía el juego y la salida de los muchachos del umbral era como parir la gata.

Un juego parecido era cuando se colocaban dos niños o dos niñas con la espalda en el quicio de la puerta y se tocaban con las plantas de los pies. Entonces empujaban uno al otro hasta que una conseguía que el otro doblara las piernas y entonces había perdido.

16.- La cadena.

Para jugar a la cadena se elegía una zona de juego, generalmente una calle o una plaza y se echaba a suertes para ver quién se la quedaba primero. Este jugador entonces corría tras los otros para coger a uno de ellos. Cuando lo cogía, se daban la mano para iniciar la cadena. Los dos jugadores entonces iban a por otro jugador, que al ser cogido se incorporaba a la cadena. Sucesivamente se iban cogiendo a todos los participantes y la cadena era cada vez más larga, siendo más fácil coger a los que quedaban porque los acorralaban contra una pared. El juego finalizaba cuando se cogía al último de los participantes, que se consideraba como el ganador del juego, que solía ser el más rápido corriendo o el que tenía mayor facilidad para zafarse de las trampas que le tendía la cadena para atraparlo. Este juego también lo jugaban las niñas.

Jugando a la cadena

17.- Dar culazos en la pared.

No se trataba en sí de un juego sino de una manera de infligir un castigo a quien había perdido en un juego o bien por diversión de los más grandes contra un muchacho más pequeño o más endeble físicamente. Varios muchachos cogían a la víctima por los pies y los brazos hasta levantarlo en el aire y dejar el culo al aire, entonces embestían con él contra la pared con fuerza, causándole verdadero daño al pobre muchacho.

18.- Defender el castillo.

Otro juego propio de los muchachos era subirse uno o un equipo a un lugar elevado que podía ser un montón de arena, un montón de paja en la era o cualquier lugar y los otros tenían que sacarlo de allí. Cuando iban subiendo para desalojarlos de la cima, el o los que estaban arriba los empujaban para defender el lugar, que denominaban castillo, diciendo:

Fuera de mi castillo
que es blanco y amarillo.

19.- Al hoyo de la pelota.

En un juego con una pelota en el que se hacían varios hoyos en el suelo relativamente juntos. Cada uno de los hoyos pertenecía a uno de los muchachos participantes. Uno tiraba la pelota haciéndola rodar por el suelo hacia la zona de los hoyos y cuando se encajaba en uno de los hoyos, todos echaban a correr para alejarse. El dueño del hoyo iba a por la pelota, la cogía y la lanzaba para darle un pelotazo fuerte al que estuviera más cerca.

Jugando a meter la pelota en un hoyo

20.- El hinque.

Un hinque es un objeto cotidiano con una punta que pueda clavarse en la tierra húmeda donde es más fácil clavarlo. Se denomina hinque porque al lanzarlo contra el suelo se tiene que hincar en la tierra. El hinque puede ser una lima, un hierro con una punta en el extremo, o bien se hacían los hinques con palos rectos a los que se les sacaba punta por uno de extremos.

El terreno de juego era un terreno blando o que tuviera alguna hierba, pero baja, para que el hinque se clavara con facilidad. Se jugaba normalmente en otoño o primavera tras haber llovido porque la tierra estaba más blanda para poder hincarlo, pero sin barro.

En primer lugar, se determinaba el orden de los participantes en el juego, que podía ser por un juego de echar a suertes o bien marcaban una línea y, desde un punto determinado (el mismo para todos) tiraban el hinque lo más lejos posible de la raya para establecer el orden de intervención. El primer jugador era el que había conseguido lanzar su hinque más lejos de la línea y el último el que lo había dejado más cerca.

Jugando al hinque con palos con punta

El primer jugador clavaba su hinque en la tierra lo más profundo que sus fuerzas y destreza se lo permitieran. Seguidamente tiraba el segundo, que debía clavar su hinque tan cerca del primero que consiguiera desclavarlo. Del mismo modo iban siguiendo su turno y tirando el resto de los jugadores. Los descalificados en el juego eran de dos tipos: aquellos que no conseguían clavar su hinque en el suelo o bien cuando otro jugador cae un hinque ya clavado. De este modo, se van eliminando jugadores. Si después de la tirada del último jugador habían quedado varios hinques clavados, cada chico recogía el suyo y se iba tirando por orden hasta ir eliminando jugadores. Ganaba el muchacho cuyo hinque quedase clavado tras eliminar a todos los demás.

Había otro juego muy entretenido con el hinque. En este caso se debe realizar un campo de juego que consiste en un rectángulo de un par de metros de longitud y luego se divide por la mitad a lo largo y luego en cuatro partes perpendiculares. En total, se forman ocho casillas dispuestas de dos en dos, que se numeran de tal modo que se comienza por el uno y se termina por el ocho, es decir que en la primera línea se encuentran el inicio y el final del juego.

Terreno para jugar al hinque

El juego ocurre de la siguiente manera. Se lanza la lima al cuadrado con el uno, si se hinca y está dentro del cuadrado, se pone un pie en el mismo y se pasa al dos, y así sucesivamente hasta llegar al ocho, una vez allí hay un círculo fuera, relativamente próximo donde hay que hincar también para completar la tanda. Si se falla en alguno de los números hay que comenzar desde el principio, y se le pasa el turno al rival o rivales. Si se consigue la tanda del uno, en la siguiente se empezaba por el dos, y así consecutivamente hasta que uno hiciera ocho tandas. Aunque algunas rondas podían ser más cortas en lanzamientos, otras tenían su dificultad, pues había que lanzar al cuatro o al cinco de inicio, a unos dos metros de distancia y hay que tener cierta habilidad para ello.

Otra manera de jugar con el hinque era ganar terreno al enemigo. Para ello, dos jugadores se repartían a la mitad un campo de juego bastante grande. Un jugador lanzaba el hinque sobre el campo del otro y se trazaba una línea entre dos lados de su campo pasando por este punto, quedándose con ese terreno. Luego el otro tira su hinque y va acortando el terreno del otro, hasta que uno de ellos tiene un terreno tan pequeño que no puede colocarse dentro de él y en ese momento ha perdido el juego.

21.- Jugar a pinchar la navaja.

En este juego participaban varios amigos para pasar el tiempo y divertirse, aunque, como en todo juego, había también algo de rivalidad. Se jugaba en la era cuando la tierra estaba blanda y no había hierba o ésta era muy corta, como al inicio del otoño. En verano, la tierra estaba muy seca y dura y la navaja no se pinchaba en la tierra y en primavera la hierba estaba tan alta que no se jugaba bien.

Para jugar, se traza un círculo en el suelo de unos veinte centímetros de diámetro. El juego se inicia con el primer jugador que tiene que ejecutar una serie de ejercicios de destreza con la navaja. Se tiene que clavar la navaja en la tierra tres veces seguidas con cada fase o manera de lanzarla y para determinar si el lanzamiento era válido cuando la navaja estaba muy inclinada se comprobaba metiendo la mano debajo de la cacha de la nava con la palma en el suelo. Si cabía la palma de la mano entonces se consideraba que el lanzamiento era válido y si no cabía entonces no valía y perdía el turno.

Cuando un participante falla porque no clava la navaja o esta se clava fuera del círculo, pierde el turno y pasa al siguiente. Si todo seguido o en sucesivos turnos un jugador completa la serie queda liberado y ya no sigue participando. Al final, habrá un jugador que no haya concluido la serie y será el perdedor, el cual recibirá un castigo.

Cada jugador tiene que superar todo el ciclo, si falla en alguna de las fases debe esperar hasta que le toque otra vez, para continuar en el punto donde había fallado. El que va superando todo el proceso queda libre, siendo el último jugador que no ha terminado el juego es el derrotado.

Cuando ya hay perdedor, se afila un palo no muy grueso y de la misma longitud que la hoja de la navaja. El perdedor se encarga de colocarlo dentro del círculo, buscando la zona más dura posible para dificultar el proceso. A continuación, el resto de participantes le dan tres golpes cada uno con la navaja cerrada, si tienen algún fallo no repiten el golpe, clavándolo lo más profundo posible. El derrotado tiene que sacar el palo utilizando para ello sus dientes como toda herramienta, aunque si está muy enterrado se le quitará un poco de hierba y tierra alrededor para que pueda meter la nariz.

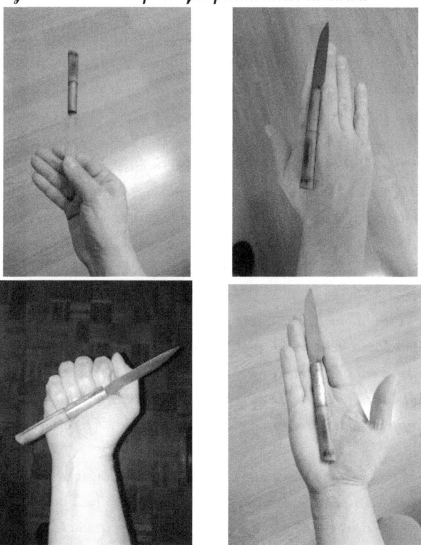

Distintas posiciones de colocar la navaja en la mano para luego clavarla

Las posiciones en el orden sucesivo en que se lanza la navaja por cada jugador son los siguientes;

- *Cogiendo la navaja por el extremo de la cacha y clavándola directamente. Es la primera posición porque es la más fácil.*

- *Cogiendo la navaja por la punta de la hoja, se gira en el aire clavándola.*

- *Con la mano abierta, se coloca la navaja sobre el dorso con la punta hacia delante, girándola hacia el interior para clavarla.*

- *Con la mano abierta, se coloca la navaja en la palma con la punta hacia la yema de los dedos, y se clava dejándola caer o bien impulsándola con la muñeca.*

- *Con la mano abierta, se coloca la nava en la palma con la punta hacia la muñeca y se hace con la mano un giro en el aire para voltearla y clavarla en el suelo.*

- *Con el puño cerrado, se coloca la navaja sobre la parte palmar con la punta hacia el exterior, se hace el giro al interior y se clava.*

22.- Hacer corrales para animales.

Los niños más pequeños, entre siete y diez años, pasaban mucho tiempo entretenidos en las mañanas de verano, a la sombra, haciendo corrales para encerrar el ganado. Cada uno podía hacer su propio corral o todos colaboraban en hacer uno grande.

El juego comenzaba señalando los espacios de cada uno con un palo o arrastrando el pie y después, ayudándose de las manos, se iban haciendo una especie de lomos, las paredes. Incluso se trazaban las calles y otros espacios públicos, hasta ocupar buena parte de la superficie de la zona elegida para el juego. Luego se colocaban piedras que por su tamaño podían ser ovejas, vacas, burros o caballos. Incluso se jugaba a coger pajones y llevarlos para que comieran. El tiempo empleado en preparar los corrales era largo y eso entretenía mucho a los niños, que desbordaban imaginación para hacer los corrales.

Aunque en principio este juego era simple y precario, luego, en los años cincuenta, se vendían bolsas con indios y vaqueros de plástico y también animales con una base que servía para que se mantuvieran verticales. Entonces los animales eran reales y el juego era más divertido. Aprovechando las mismas construcciones se hacía un fuerte donde se colocaba a los vaqueros parapetados tras los muros de tierra y piedra y los indios los atacaban. Se establecía una guerra entre ambos, que siempre acababan ganando los vaqueros, como en las películas del oeste que veían en el cine.

Indios, vaqueros y animales de plástico

Un entretenimiento de los niños era hacer cuevas con la mano en un montón de arena. Para ello se ponía la mano sobre la arena y se iba colocando arena encima que se apisonaba hasta formar un montón cónico. Luego, con mucho cuidado, se retiraba la mano y quedaba un hueco que era la puerta. Si la arena estaba mojada se jugaba mejor y entonces con un palo se podía ir retirando arena del techo con mucho cuidado desde dentro para hacer más grande la cavidad e incluso se le practicaba un agujero a modo de chimenea. Si la construcción no se caía, entonces alisaban los alrededores, hacían una pared alrededor y podían colocar allí animales o poner hierbas como si fuera una huerta. El problema es que se jugaba en los montones de arena a las puertas de una casa en obra y los dueños normalmente espantaban a los muchachos y no los dejaban jugar porque le esparcían la arena por la calle y se desperdiciaba. Lo mejor era cuando no había nadie y podías jugar durante horas a construir las chozas o cuevas, que de las dos maneras se podían llamar.

En ocasiones, si los niños disponían de coches de lata, construían carreteras con curvas y jugaban a las carreras de coches en las pistas construidas.

23.- Esconder el cinto.

En este juego, en el que pueden participar un número ilimitado de jugadores, se organiza un corro con los participantes sentados en un lugar que llaman casa. Un jugador esconde el cinto, un cinturón o algo similar, en un lugar oculto, sin ser visto por el resto de jugadores. Cuando ha sido escondido el cinto, los otros jugadores salen e intentan encontrarlo. Algunas veces es necesario una orientación en la búsqueda por el que lo ha escondido, que dice: frío, frío si están lejos; caliente, caliente si se encuentran cerca; que os quemáis si están muy cerca. El que encuentra el cinto persigue y se lía a cintazos con el resto de los jugadores que corren veloces hasta llegar a la casa y donde están a salvo de los cintazos. Cuando todos llegan a la casa se ha terminado la persecución. Los jugadores tienen que esperar a que el cinto sea nuevamente escondido por el jugador que lo encontró y así se continúa el juego

24.- Fútbol.

También, como es evidente, se jugaba al fútbol, pero de manera muy precaria, muy diferente a lo que ocurre ahora. No había ropa ni calzado deportivo, el balón era de goma dura, y no había instalaciones deportivas. Se jugaba en la era, con el consiguiente problema de que el pastor que llevaba allí a pastar sus ovejas llegaba y con el garrote en alto y dando voces espantaba a los muchachos que corrían en todas direcciones para no ser atrapados.

El campo de fútbol no tenía unas dimensiones fijas ni líneas de fondo ni laterales señaladas. El tamaño dependía del número de jugadores. Así, si había pocos jugadores, cinco o seis por cada equipo, entonces era pequeño y era más grande si aumentaba el número de jugadores. Las porterías se señalaban con una piedra grande y las líneas de juego eran aproximadas, por lo que siempre había discusiones de si el balón había salido fuera del campo o no.

No se jugaba a tiempo, sino que se echaba un rato y ganaba el equipo que más goles había marcado. En algunas ocasiones un equipo era mucho mejor que otro y le metía una goleada. Otras veces, para acotar la duración del partido se jugaba a los diez goles y el equipo que antes los marcaba era el ganador del encuentro.

Los equipos se confeccionaban eligiendo primero a los dos capitanes que echaban la suerte a pies y luego elegían a los componentes de cada equipo alternativamente. En otras ocasiones, los equipos ya venían hechos porque jugaban los de una calle contra otra. Entonces, el final del partido solía ser siempre el mismo, porque era rara la vez que el equipo perdedor aceptaba la derrota y alegaba que habían hecho trampa. Por eso, el partido acababa en una batalla campal con los jugadores de ambos equipos apedreándose.

Un juego con el balón que también se jugaba cuando había pocos muchachos y no eran suficientes como para formar dos equipos, se llamaba el "juego regatañao". Consistía en que uno de los muchachos se ponía de portero y los otros jugaban cada uno individualmente. El portero lanzaba el balón y un jugador cuando lo cogía regateaba a todos los demás e intentaba marcar gol. A veces, si eran cuatro podían formar parejas. Si un jugador marcaba un numero de goles, se ponía de portero y relevaba al otro.

Muchachos de un pueblo antes de jugar al fútbol

Partido de futbol en una era

Jugando al fútbol en los años sesenta

Imagen de niños jugando en un pueblo

JUEGOS DE MESA

Los niños también jugaban a juegos más tranquilos, sobre todo en las mañanas calurosas del verano sentados a la sombra y en casa al calor del brasero en invierno. Jugaban al parchís y a otros juegos a los que también jugaban las niñas, pero estos que aquí mencionamos son propios de los muchachos y a ellos no jugaban las niñas porque estaba mal visto.

1.- Las cartas.

Un entretenimiento propio de los muchachos, ya que estaba mal visto que las muchachas jugaran, era echar partidas de cartas. La baraja española es la que se utilizaba entonces, con cuatro palos: oros, copas, bastos y espadas, cada uno con diez cartas, del uno, el as, al siete y sota, caballo y rey. De entre todas las cartas, las más importantes son las que se denominan triunfos: el as, el tres, la sota, el caballo y el rey de cada palo.

Se podía jugar a varios juegos, bien en pareja o bien en grupo. Normalmente eran juegos para divertirse, para pasar el tiempo, para entretenerse en las mañanas de verano en las aceras y umbrales a la sombra o en las noches de invierno al brasero. Los hombres en las tabernas también jugaban a las cartas, pero en ese caso se apostaban la consumición y también se echaban partidas donde se apostaba dinero. En las tabernas se ganaron y perdieron fortunas jugando a las cartas, por lo que si solo se jugaba por divertirse no se consideraba nocivo el juego, pero si se comprobaba que los muchachos se hacían viciosos del juego entonces se procuraba que no jugaran por el peligro que entrañaba cuando fueran mayores.

Los más comunes y populares entre los muchachos de entre los juegos de cartas eran los siguientes:

El tute es un juego sencillo en el que pueden jugar de dos a varios jugadores. El que da la mano, que es rotatorio contando desde el primero que la da hacia la derecha, baraja las cuarenta cartas y coloca el montón en el suelo o en la mesa. El que está a su derecha corta la baraja en dos mitades, que no tienen que ser iguales. El mano coloca un montón sobre otro dejando debajo la carta de corte y comienza a repartir una a una por turno a todos los jugadores, siempre comenzando por el jugador de su derecha y terminando por él. Se reparten cinco cartas por jugador. Una vez repartidas las cartas, saca la carta de abajo y la coloca boca arriba poniendo encima de ella el resto de la baraja transversalmente. El palo al que pertenece la muestra es a lo que pinta la partida y es importante. Si la carta inferior es un triunfo del palo, un jugador puede intercambiarla por el siete del mismo palo.

El juego se inicia con el de la derecha del mano y echa una carta de un palo cualquiera. Los demás van echando cartas para intentar superarla. Si se tiene del mismo palo se echa de ese palo, tanto si es superior como inferior en número. Si es inferior no ganaría y si es superior ganaría al otro. Si un jugador no tiene cartas de ese palo echa de la muestra, y se dice que falla. Si un jugador no tiene del palo al que se va y sí de la muestra, pero es inferior a la que ya se ha echado puede reservársela. Si un jugador no tiene cartas del palo ni de la muestra o se reserva, entonces echa cualquier carta que tenga, siempre procurando ser la de menor valor para no perder puntos.

En el juego del tute, las cartas que no son triunfo ganan las de mayor puntuación y entre los triunfos, los que valen por orden de menor a mayor son la sota, el caballo, el rey, el tres y el as.

Cuando todos los jugadores han echado su carta, gana el que tenga la de mayor puntuación del palo al que se va o el que haya fallado. Entonces recoge todas las cartas y se las queda. A continuación, todos roban una carta del montón, comenzando por el que ha ganado la baza y este es el que comienza de nuevo la jugada echando la carta que le convenga. Normalmente se guardan los triunfos y las de la muestra, para poder utilizarla en las bazas donde pueda ganar más puntos.

Cuando un jugador tiene el caballo y el rey de un palo y gana una jugada, entonces puede cantar las veinte, que se las suma a los puntos que consiga. Si son de la muestra, entonces puede cantar las cuarenta. Además, el que gana la última jugada se lleva las diez de monte.

Una vez terminada la partida se cuentan los puntos que ha conseguido cada uno, y el que tenga más puntos es el que ha ganado la partida.

Niños jugando al tute en la calle

En la cuatrola juegan cuatro jugadores que forman pareja. Las parejas se sitúan enfrentadas uno al otro. Se juega solamente con los triunfos. Se reparten las cartas, cinco por jugador. Sale el que está a la derecha del mano. Las reglas son las mismas, pero las cartas ahora son ganadas por una pareja y no solo por un jugador.

También se pueden cantar las veinte y las cuarenta y siempre están en juego las diez de monte. Para el recuento de los puntos, la sota vale dos puntos, el caballo tres, el rey cuatro, el tres vale diez y el as vale once puntos. Con lo que serían treinta puntos de cada palo. Se ponen así en juego siempre ciento treinta puntos (con las diez de monte) y gana el equipo que consiga más de sesenta y cinco puntos. Esto puede cambiar si el equipo con menor puntuación ha cantado veinte o cuarenta y entonces al sumárselas supera al otro equipo. Se apuntan las partidas ganadas ya que se suele jugar a diez partidas ganadas. La siguiente mano la da el de la derecha del que la dio antes, en turno rotativo.

Las siete y media es un juego de suerte, pero también de estrategia y astucia. Consiste en conseguir una suma total de siete puntos y medio o lo más cercano posible, pero sin pasarse, porque quien tenga más de esta puntuación entonces pierde. En este juego, cada carta tiene su valor numérico, menos la sota, el caballo y el rey que valen medio punto. La partida la gana quien consiga sumar siete y media o estar muy cerca, pero sin pasarse, porque el que se pasa ya nunca puede ganar.

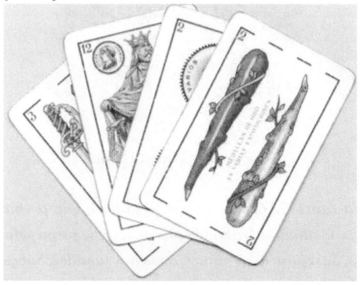

Una posible combinación de cartas para conseguir sumar siete y media

Uno hace de banca, que también puede jugar, y tiene la baraja. Se barajan las cartas y boca abajo se da una carta a cada jugador que mira el valor de su carta. Luego se comienza a pedir cartas, que pueden darse también boca abajo por lo que los demás jugadores desconocen la puntuación de un jugador o bien estas se ponen boca arriba para que se conozca su valor, pero no la primera. Si un jugador tiene una puntuación baja en su carta puede pedir más cartas hasta que considere oportuno, bien por conseguir siete y media, quedarse cerca al sumar los puntos, o porque se ha pasado y ya no tiene opciones de ganar. Los demás jugadores deberán intuir lo que tienen los demás jugadores, sopesar sus posibilidades y arriesgarse o no según lo considere. En cada ronda habrá un ganador, o más si consiguen la misma puntuación, pero el juego lo gana quien consiga diez victorias.

Otro juego es el llamado sota, caballo y rey en el que se reparten todas las cartas entre los participantes sin tener que tener el mismo número de cartas cada uno. Todas las cartas están boca abajo y se desconoce su valor. Comienza el de la derecha del mano, poniendo una carta boca arriba y diciendo uno, luego el otro dice dos, luego tres y así sucesivamente hasta decir sota, caballo y rey.

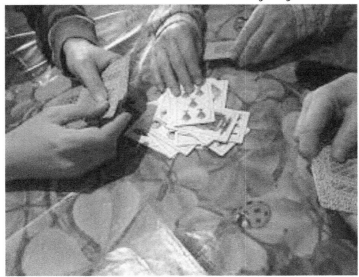

Jugando a "sota, caballo y rey"

El juego consiste en no poner en la mesa una carta con el valor del que se dice. Es decir, si dice seis y pone un seis entonces ese jugador recoge todas las cartas de la mesa, aumentando su número en su mano. Si un jugador coloca la carta de su número y el siguiente sigue el juego y coloca encima la suya, entonces es él quien pierde y recoge las cartas. El juego termina cuando uno de los jugadores se ha quedado con todas las cartas de la baraja y los demás las han ido echando al montón para desprenderse de ellas.

2.- El dominó.

Se trata de un juego de hombres que se aprendía en casa y que luego se practicaba en el bar entre amigos jugándose la consumición o apostando dinero en cada jugada. En este caso se apostaba poco y no solía ser un juego peligroso por la cantidad de dinero apostado.

Para jugar se necesitan las veintiocho fichas que son rectangulares, divididas en dos partes y en cada parte se combinan puntos del cero (blanca) al seis. Las fichas solían ser de madera, pero las buenas estaban hechas de hueso y eran blancas.

Fichas de dominó de madera y de hueso

Al dominó pueden jugar dos, tres o cuatro jugadores, porque cada jugador recibe siete fichas. Si son cuatro, se reparten todas, pero si son menos, las que sobran se colocan en la mesa boca abajo. En la primera partida hay que colocar una ficha doble, la que sea de mayor valor entre las que tienen los jugadores. A partir del que la pone se van poniendo fichas una tras otra por los dos lados, formando una hilera de tal manera que los puntos de un extremo coinciden con los de la siguiente ficha. Las fichas dobles se colocan transversales y al colocar las hileras si se hacen largas se pueden hacer esquinas y cambiar el rumbo.

Si un jugador tiene ficha para colocar en uno de los extremos, la coloca y el turno pasa al siguiente. Si no tiene ficha toma una de la mesa hasta que puede colocar. Si no puede colocar, pasa el turno al siguiente. De este modo, llegará un momento en que un jugador ha colocado todas sus fichas y es el ganador, terminando la partida. Entonces se suman los puntos de cada jugador que no ha colocado y se los apunta. Gana el jugador que consigue la puntuación previamente determinada (cien puntos, por ejemplo) sumando las rondas que ha ganado.

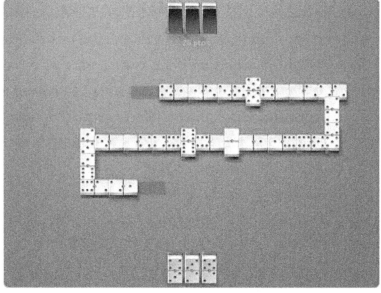

Juego del dominó

3.- El casto.

Este juego es como las tres en raya actuales, pero en el pueblo se llamaba así, al igual que en otras zonas. Para jugar se hacía el dibujo del casto en el suelo de tierra con un palo y cada jugador, solo dos, cogía tres piedras procurando que las tres de cada uno fueran parecidas entre sí y diferentes a las del otro jugador, por el tamaño o por el color. El casto era un cuadrado que se dividía en nueve casillas con dos líneas verticales y dos horizontales, con lo que el cuadrado tiene tres casillas por lados y una en el centro. Además, se dibujan las dos diagonales, porque también se puede hacer línea en diagonal, es decir, con una piedra o ficha en el centro y dos en las esquinas opuestas.

Se echaba a suerte para determinar quién empezaba primero el juego. El primer jugador colocaba una piedra en el centro, aunque si quería podía colocarla en otro lugar, pero el centro siempre era muy apreciado porque daba más posibilidades de ganar. Luego colocaba la piedra el otro jugador donde quisiera, y así alternativamente colocaba cada uno sus tres piedras, ocupando entonces seis posiciones de las nueve posibles.

A partir de ese momento se movían las fichas de posición hasta otra libre y nunca pasando por encima de la piedra del adversario. Cada uno tenía su estrategia, tanto para ganar como para no perder. Cuando uno de los jugadores conseguía poner sus tres piedras en línea (horizontal, vertical o diagonal) decía "Casto hecho y derecho" siendo el ganador del juego. Comenzaban de nuevo a jugar y ahora el que empieza es el ganador del juego anterior.

Este juego es muy antiguo y ya era practicado por los romanos. Se han encontrado figuras del casto talladas en piedra y tableros del juego.

Tableros antiguos para jugar al casto

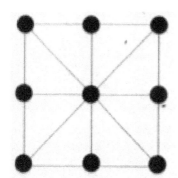

Tablero de tres en raya

Jugando a las tres en raya o casto

4.- *Los chinos.*

Este es un juego de estrategia y de psicología en el que los jugadores tienen que adivinar cuántas monedas, fichas o piedras (que era con lo que se jugaba entonces) hay en total. El nombre del juego es por las piedras o chinas que se utilizan. Su origen parece estar en los pastores de León que lo extendieron por España.

Cada jugador dispone de tres piedras pequeñas (chinos) y las tiene en una mano. Luego, al mismo tiempo, todos guardan las manos a la espalda y cada jugador coloca en su mano las piedras que cree conveniente. Se sacan todas las manos fuera con el puño cerrado. Los jugadores tienen que hacer un cálculo mental de cuántos chinos en total hay escondidos en las manos. Cada jugador puede tener uno, dos tres o ningún chino.

El primer jugador hace cálculos y dice un número, y luego le siguen los demás, pero no se pueden repetir números ya dichos. El que acierta el total de chinos escondidos en las manos ha ganado la ronda. Entonces se retira del juego y se sigue hasta que queda uno que es el perdedor y debe pagar algo o se le dan culadas contra la pared. Otra manera es seguir jugando todos y el ganador sería el que consigue adivinar la cantidad de chinos tres veces.

Aunque el nombre pudiera tener relación con los chinos de China, en realidad se debe simplemente a que se jugaba con piedras pequeñas o chinos.

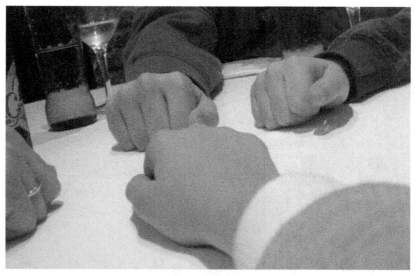

Jugando a los chinos

5.- Echar un pulso.

Era un juego de exhibición de fuerza, para determinar en muchas ocasiones quién era el líder del grupo. Los contrincantes se toman de la mano y colocan los puños en una superficie como una mesa. Cada uno empuja con su muñeca hacia un lado haciendo toda la fuerza posible, intentando doblegar la mano del otro, que intenta resistirse e incluso retornar a la verticalidad. El ganador es aquel que hace tocar al otro la mesa con el dorso de la mano.

Echando un pulso y apuesta

COMPETICIONES EN FIESTAS

Uno de los entretenimientos entre los muchachos y los mozos del pueblo en los días de fiesta como el Cristo o San Isidro consistía en una serie de competiciones donde participaban para conseguir un premio, normalmente de poco valor, otorgado por el Ayuntamiento. En estos juegos había mucha expectación tanto entre los participantes como en los espectadores y se reunía mucha gente para verlos. Solían celebrarse las competiciones por la mañana en el paseo del Cristo.

Como es normal, estas competiciones no solo se celebraban por este motivo, sino que en cualquier momento se podían realizar por los muchachos, sin premio, sino por el placer de jugar o por el prestigio de ganar a los demás.

Se trata de juegos muy tradicionales para los que apenas se necesitan materiales. Algunos de estos juegos que se celebraban en las fiestas eran los siguientes.

1.- Tirar de la soga.

Se dividen a los participantes en dos equipos, cada uno de ellos agarra un extremo de una cuerda, dejando un espacio entre ambos grupos. Antes de empezar, se hace una marca en el suelo. El objetivo de cada equipo es tirar tan fuerte de la soga, que se consiga hacer pasar a los jugadores del grupo contrario por encima de esta línea. El primer equipo que lo consiga gana. En ocasiones se hacen los equipos por calles, por pandillas de amigos, por gremios, por cualquier otra afinidad. Los importante es que en ambos grupos debe haber el mismo número de participantes y si, puede ser, los grupos deben estar compensados en cuanto a edad, tamaño y altura.

Este divertimento es muy antiguo y todavía hoy en día se realiza en muchas ocasiones, como en las clases de Educación Física., y suele denominarse soga-tira.

Mozos tirando de la cuerda en las fiestas del pueblo

2.- *Carreras de sacos.*

Se trata de otro juego o competición muy común y tradicional, que incluso ha llegado hasta nuestros días.

Los niños tienen que meter los pies dentro de un saco, que sostienen con las manos y, dando saltos, tendrán que competir para llegar los primeros a la meta. En todo momento, deben mantenerse dentro del saco, por lo que moverse a gran velocidad puede ser muy difícil y suelen caer en la carrera.

Todos los participantes parten de una línea de salida y a una distancia de cien o doscientos metros se coloca la línea de llegada o meta. Un juez dice "Un, dos, tres, ya", bien "Preparados, listos, ya" y entonces comienzan a avanzar en línea recta en dirección a la meta. El primero que atraviesa la meta será el ganador de la carrera.

Es una competición muy divertida de ver, no solo por conocer el ganador, sino por las caídas de los participantes al tropezar con el saco.

Carrera de sacos

3.- Peleas de burros.

Se trata de hacer parejas donde uno hace de burro y el otro de jinete. Luego compiten por parejas, de tal manera que el burro debe mantener al otro en todo momento, mientras los jinetes se empujan con intención de derribarse. Cuando un jinete derriba al otro, es el ganador. Así se van eliminando parejas y las restantes compiten entre ellas hasta que solo quedan dos, y el que derribe será el ganador.

Jugando a derribar al jinete

4.- La cucaña.

Es una competición de habilidad y coraje que consiste en trepar por un tronco alto y liso, untado de jabón para dificultar el ascenso, y en cuyo extremo superior se coloca el premio que suele ser importante. Los participantes van por turnos intentando subir por el tronco, teniendo ayuda para el primer agarre por alguien que está al lado del madero. Con el roce de los participantes, se va perdiendo el jabón del tronco, con lo que cada vez va siendo más fácil trepar y llegar más arriba. El ganador es el primero que consigue coger el premio que está arriba.

Subiendo por la cucaña

5.- Carreras de carretilla.

Es una competición por parejas, con una línea de llegada y una meta, entre las que hay una distancia que los participantes deben recorrer. El primero que llega a la meta será el ganador. En este caso, se compite en parejas para formar la carretilla. Uno de los jugadores coloca las manos en el suelo y levanta los pies que el otro toma con sus manos. Para desplazarse, el primero avanza con sus manos sobre el suelo y el otro lo sujeta al tiempo que también avanza a su ritmo.

Carrera de carretillas

6.- Carreras a la pata coja.

El proceso es idéntico al de la carrera de sacos, pero en este caso los participantes deben avanzar a la pata coja recorriendo la distancia entre la salida y la meta. Gana la carrera el primero que llegue a la meta.

Carrera a la pata coja

7.- Carrera de tres piernas.

En este juego el impedimento para avanzar consiste en que a cada pareja participante se le atan dos piernas, la derecha de uno y la izquierda del otro, con lo que la dificultad está en coordinar el paso de esa tercera pierna entre los dos jugadores. Se trata también de una carrera en la que los participantes deben recorrer una distancia entre la línea de salida y la meta. Gana también la primera pareja que atraviesa la meta.

Carrera con tres piernas

8.- Saltar a pies juntillas.

Es una competición de saltos donde los participantes se colocan con ambos pies juntos y parados sobre la línea de salida y salta lo más posible, siendo el ganador el que dé el salto mayor.

9.- La piñata o pucheros.

De una cuerda entre dos postes o entre dos árboles se cuelgan pucheros que contienen cosas diversas en su interior. Algunos con buenas como caramelos, monedas o algún alimento y en otra se mete agua, arena o harina, cosas sin valor. A los participantes se les vendan los ojos y se les da un palo. Se sitúan frente a un puchero y lo golpean con el palo hasta que lo rompen. El público se divierte mucho al ver que no aciertan a romperlos y, sobre todo, cuando sobre el muchacho caer agua o arena.

Piñata

10.- Carreras de zancos.

Los zancos se confeccionaban con dos latas de tomate a las que en la base se le hacían dos agujeros en puntos contrarios del borde y por cada uno de estos agujeros se pasaba el cabo de una cuerda, haciendo un nudo por dentro para que no se salga la cuerda.

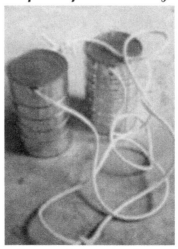

Zancos hechos con latas

Para utilizarlos, el niño coloca cada pie sobre la lata boca abajo y con las manos se toman las cuerdas, como si fueran riendas. Entonces se daban pasos con los zancos permitiendo moverlos al tirar de la cuerda y levantarlos del suelo. Se caminaba despacio porque era fácil perder el equilibrio y caerse. Los más habilidosos podían desplazarse en zancos a gran velocidad por la calle.

Niño sobre zancos

Hacerse unos zancos y caminar con ellos era ya un juego divertido para los niños, pero además con ellos se hacían también competiciones o carreras en las que los participantes debían recorrer una distancia subidos siempre en sus zancos. Aquellos que se caían eran descalificados de la carrera. El ganador, como siempre, era el que cruzaba primero la línea de meta.

Había otros zancos fabricados por los carpinteros formados por dos palos largos que a una cierta altura tienen hacia el interior un saliente donde colocar los pies. Con la fuerza de las manos al agarrar los palos por la parte superior se levantaba el zanco del suelo y se podía caminar por terrenos embarrados o con agua. También se aprovecharon para hacer competiciones y carreras caminando con zancos.

Zanco de madera

11.- Carrera de cintas.

Esta es una competición más reciente, pero que ya se ha dejado de realizar en el pueblo, aunque era muy popular tanto en participantes como en público. Se ata un cordel a una cierta altura, no excesiva, y se enrollan en él varias cintas de raso de distintos colores, cada una con una anilla que cuelga del cordel.

El juego consiste en pasar uno a uno, por turnos tras un sorteo, con la bicicleta. Al pasar bajo las cintas, el ciclista se levanta del sillín y alza un brazo donde lleva un palito de debe meter en la anilla y al tirar desenrollar la cinta para llevársela. Gana la competición el que más cintas consigue de las que se han puesto en la cuerda.

En pueblos con gran tradición en la cría y monta del caballo, se realiza esta misma competición, pero en este caso los jinetes pasan a la carrera por debajo de las cintas y se levantan para cogerlas. Igualmente gana la competición el jinete que más cintas consiga.

Carreras de cintas en bicicleta

Carreras de cintas a caballo

Made in the USA
Middletown, DE
25 November 2022

15962931R00099